U0111804

大展好書　好書大展
品嘗好書　冠群可期

大展好書　好書大展
品嘗好書　冠群可期

自我改造 2

太極長生法門
（二）
——進 階
（附DVD）

趙憲民 著

大展出版社有限公司

自 序

　　古來中華武術的代代傳承，以心口相傳或有師父留一手，傳媳不傳女，或不傳外姓、外族等等文化存在；使許多太極拳派的內修心法，內功精華流失於傳承間。這是目前看各門派的拳架活動，流於身體四肢體操、外在運動，或在意識層面作為、身肢鬥力，在招式變化技巧、身肢上推手作功；把人體自主功能內修，吐納導引、生性健康法門，遺落於代代口授心傳間、失傳了。

　　楊家秘傳太極拳術，秘在張三豐祖師延年益壽功法完整傳承；清初滿族入關，楊露禪祖師將太極精華奧秘隱忍不宣，秘傳至家師第四代，維持完整；武術內外合一功法，內勁源自身心內在，自主功能運動、內臟組織健康根基。

　　大自然生命力本然狀態，展現在出生嬰兒身上，骨弱筋柔、生命力旺盛，神情安舒、血氣順暢，少思少識、性情純覺活潑狀態；隨著成長、求生的心性向外活動過程，身心各層面蘊積了意識，在人體中各種功能層面的意識活動，也形成了相互干擾與阻礙，組織微循環阻滯、細胞生生不息本然退化，是人體功能

減弱、病變或老化的原因；生命力本能的受阻，啟動了人體天擇基因，也即細胞的退化決定了人的壽命。

本系列著述，以現代生理學常識，解說人體內在修為，介紹了秘傳太極武術內功心法，直接在內臟、自主功能運動，內臟肌群健康的產生太極內勁；在常人運動不到的內臟，自律性的內在運動養成，及於細胞代謝活潑健康，是古來武術內修的學問；經人體身心內外生機原理原則，意識自覺本然內修法門，向神氣導引、血氣活絡，全身細胞代謝活潑介紹了太極內修全程，也即衰退細胞復健、抗老化，或有病變得到改善或向痊癒發展的過程。

作者出生於臺灣，年輕時從事煤炭化工業，專心商務與經貿歐美市場，並曾於內地晉中焦炭商貿，整船運銷日本與回銷臺灣；因緣際會經天中大師兄的拳術啟蒙，幸得師承金山派上壽子、王延年宗師門下，家師也是楊家秘傳太極拳第四代、旅台掌門，專精於內家拳術聲名遠播歐美。

早年在宗師教誨下深得秘傳內家拳術精華，對內臟運動、吐納導引，內外雙修拳術，與老子「無為」的生命本能修持，熱衷用功、深入內在意識、生性，知解人體健壽門徑，對組織細胞恢復生命本然理路深具心得；人體的生命本能道理古今中外皆然，以現代西方生理、解剖醫學、心理分析學，來綜述這武術秘傳身心運動，與先賢內修的意識虛淨、細胞本然恢復道理；如以人體動靜脈血液循環分佈比率，解說武術

的先天呼吸效應；組織體液擴散、恆定機制本然，知解內在修為、陰陽交互法門；或人體中生命元素、原子健結、分子轉化，蛋白質活性狀態，與細胞膜內外離子化通透等，知解內修生性的胎息時程，讓我們更瞭解這古來的性命雙修武學，自覺內修的衰退細胞恢復本然，是生命自然契機的根本，確認了老祖宗延年益壽、可貴的智慧經驗，也將是現代西方醫學上所沒有、珍貴的新課題。

秘傳──太極長生法門（一、二、三、四）系列，分為：入門、進階、性功運動，與了性了命修程四冊介紹，第一冊「入門」階段，丹田吐納、腹式呼吸進入內臟運動，介紹了秘傳內功根基的基本動作，也是常人內臟運動、健康招式；與周天循環、秘傳基本拳架教學。

第二冊「進階」楊家秘傳太極拳術第一、二段拳法教學，內在主導身肢運動、內家拳術養成，向神氣導引內修學習。

「性功運動」是第三冊，進入氣斂入骨、四海通暢修程，與楊家秘傳太極拳架，第三段前半段拳法教學；也是神氣周天、組織血氣活絡進程。

第四冊的「了性了命修程」，楊家秘傳太極拳架第三段後半段拳法教學，介紹了生命自覺與禪、道靜修接軌，全身血氣活洛向神氣長生狀態發展。

書中許多各種圖片攝影，由林月英同學協助規劃，前段各種內臟運動招式圖片，請林彩惠小姐幫忙

攝影，後段秘傳拳架招式，由姚培和同學協助攝影，以及陳榮瑞同學DVD錄影，用心製作，謝謝他（她）們的幫忙與協助，辛苦了!!

　　本系列太極長生法門四冊，以「知其所以然」的說法，詮釋太極武術內修全程，深及細胞衰退的復健、抗老化，是常人身心運動、生性健康的讀本，也是許多失落內功修為的太極拳習者，身心內修的原則解說；或有不周圓、誤植之處，還請海內外同好、太極先進指正與海涵。

　　　　　　趙憲民（字景仁　號天政）
　　　　　　楊家秘傳太極拳第五代弟子
　　　　　　道學　金山派第六代天字輩傳人

目 錄

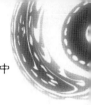

1. 秘在拳架運動中

中原的武術傳承淵源有自，楊露禪祖師不願將武術精華傳於異族，也使楊家內外兼修武學奧秘，能隱密、完整的流傳至今；太極拳武術功夫，各門派系本是同源分支，各家門派拳術精華，傳承日久已有遺落，也失傳了內外修為一體的內修根本。

拳術內修的人體內在，從內臟各器官、功能自律活動，運動、健康之外，組織細胞生性層面活動隱在，神經系統的整合功能，歸於腦幹生命整合中心，與生命統合的腦組織中樞，這內臟自主功能之後的層層隱在，都是太極武學內修領域；在生理學上，把脊髓神經通路，腦幹生命整合中心，都與腦組織中樞一體，以腦脊髓中樞稱之。武功之秘在身心各層面，過程都在常時的拳架運動中，這建構武術內勁的運動方法，也是人們的身心全面運動、健康長壽要門。

以自主神經、內臟自律肌群，意識自覺主導身肢使控的骨骼肌群運動，經「專氣致柔」養成，解開了意識集結的僵化，內在意識自覺、意識淨澄，深入組織細胞全面運動，向腦神經自覺統合全身進展，拳架內修及於了性了命，都是先賢對生命自然契機根本認知的傳承，經先賢長期臨床試驗的健康經驗，可以用現代醫學方法驗收的「延年益壽運動」知識。

易繫辭說：「易有大極，是生兩儀。」大自然的大極中陰陽兩極互動，開展了四季天象，也啟動了大自然萬物生生不息的活動；在生命活動上，生命元素的正負組合分子、架構了萬物的生命體，如在西醫學上，人體生命元素的物理化學變化、離子變動，關係人體健康或病變、老化。體內生命元素的陰陽變動、分子重組，展現出細胞通透功能現象，也展現了生命上的兩性代代傳承，如始自單一細胞分化形成人體，或細胞生命作用表現出人的身心功能，各種不同功能細胞的電性變化、生理活動，形成了人體中大小血管的相對流動，或大小神經的興奮、御制作用等等隱在，都是古來解說人體中陰陽兩極互動的範疇。

如何在現代的生理學上，解說細胞存活、生性健康的人體內在環境維持恆定，在體液活動恆定機制下，心性的鬆、縮兩極運動加分，及於全身細胞健康的運動全程，都是太極長生法門的學程；秘傳拳架內在運動、內修道理，源自身心本然功能運動，也是大自然生命體本能的演化活動；與現代生理學者的人體健康活動演化論述符合。

西洋生理學上也強調，以深且慢的深長呼吸方式，增加肺泡通氣量，是一個重要養身的生理意義。內家拳術內功心法，先以丹田呼吸帶引內臟自律系統的血氣運行，須有方法、要領培養內臟力道的產生與進展，秘傳拳架傳習之先，首重內功丹田吐納的血氣運行養成習慣，以緩慢深長的腹式呼吸，主導腸道運動開始，經內臟全面運動、基本拳勢練習，都在一呼一吸與動作配合養成與純熟過程；與內在根基的氣存丹田，吐納氣深長本然的修持，全身氣

血運行能夠習慣自如最佳，再開始學習拳術各套架式，配合拳架，每招每式的一呼一吸動作，加上神氣周天導引，任督二脈活絡修行，都在本階段以氣運身學程中，內外同步起學拳架內修，是秘傳太極內外兼修開始。

　　以內在自律功能主導身心、內外一體運動，才是身心全面性健康的運動方法，也是拳架內修精要所在，若習者，忽略了丹田吐納配合拳架修習，只在拳招套路中苦練數十載，也終究還只在身體、四肢的體操，外在肌肉健壯範圍而已；因為，腹式呼吸沒做好，最好的運動生機效應沒啟動，內臟沒有全面運動到，只要有小部份細胞、器官組織先衰退，就談不上固本強身、或延年益壽問題了；這淺顯的知識內義深遠，常使人容易迷失的主題，供先進、同好與習者修為參考。

2. 古今的長生門徑

在第一集的腹式呼吸、基礎運動,與秘傳基本拳勢等入門中已述及,各式緩慢運動,配以深長腹式呼吸法,向橫膈膜自覺帶動內修,引動心血管等生機效應,或通四海進階、及於組織細胞通透功能活絡;其間,內臟肌群產生勁道的內力養成,太極先賢有:「養先天之氣順乎自然,故無有窮盡。」身心自覺本然的緩慢深長的呼吸,與內在氣體分子的擴散作用等量,此時的呼吸是「無有窮盡」,或引動神氣周天進展的自然成效,如神經系統直覺貫串進展,全身神經敏覺活潑的神氣長生,神氣、呼吸氣周天循環狀態的無有窮盡。

這腹部深長呼吸習慣,帶動神氣周天導引養成,與拳術的陰陽腿互換運動,意識自覺深入身心全面大運動量、耗氧,是細胞衰退復健的運動,也開啟了長壽的秘門;從拳術的各種基本動作,氣存丹田的拳架招式鍛鍊過程,甚或武術的體用推手、散手,也都在先天呼吸與神氣周天隱在作用的內勁使動,配以身心全面自覺、貫注的內外力道應用;所以人體的呼吸機轉帶動神氣活絡周身,讓習者更能掌握與認知自身功能,並善加活用於太極拳架運動之上。

太極架內修過程,建立在陰陽互推向內的加重運動,內在主導身肢外在,身體內外同步大量運動、耗氧,養成

內外勁道合一的武術目的；就算在急速而激烈的武術技擊朋比時，也能維持深且長的有效呼吸與耗氧，在體能上就能高人一等的武術效應；古拳經的：「非運後天之氣，運氣則流弊甚大，是有窮盡。」是一般人習慣於胸腔呼吸，用意志力要將胸內氣向下腹壓擴，來達到較深的吸氣效果是錯誤的，用使控意識加深呼吸，將形成流弊的有窮盡現象。這腹腔肌群是內在自律功能，不能用身體自能使控的意志、力勁強加其上，外在力勁對內在壓縮形成後天之氣是淺短、有窮盡的；我們身體上可自我使控的行為、思想活動的意識，不能進入人體內在恒定機制領域；內臟自律活動是生命自主性的領域。

以身心自覺、腹式呼吸養成，經氣存丹田、先天呼吸引動神氣周天循環，以後的氣斂入骨、擴遍全身等等發展，都是人的身心本然活動，順乎自然的「無有窮盡」；人的內力養成過程，涉及人的自律性神經系統，內臟功能領域運動與修為；秘傳太極長生法門系列，經各組織層面意識自覺主導內臟全面運動，最後達到細胞全面健康的自我改造點；是以身心本然的步入健康、與長壽路徑發展，更是學習太極拳者，內功入門的導引。

古著《道德經》的修德健身與長壽道理，與現代生理學上，人體內在自律功能的恒定機制相呼應；許多生命自然的機制比喻敘述，像「不自生而長生」、「無為而無不為」的無為做法，都在講這西洋醫學上所述的人體內在恒定機制，解說體內環境的自主機能，要有方法趨向細胞生機活絡的漸進發展；只是當時沒有這些解剖生理學的名

詞，只能以形容詞、比喻來描述這內在自主功能的現象。

人體內在環境恒定機制，各自律功能系統的統合功用，是細胞活力本然的展現，也是細胞生存與細胞功能發揮的依歸；人的生命道理古今皆然，內在環境穩定，是人體健康、長壽的根基，這也是我們中華古文化已經瞭解的長生理念。事實上，健康與內勁養成，建立在內在環境穩定機制中的加分上；人體內在體液環境的穩定狀態，稍微變動還是存在的，運動效益、環境天擇、或病變衰退等等的上下變動，都是立基於這穩定中的稍微變動之上：如人體運動、功能健康是漸進的，或身心衰退、功能病變也是漸進的。

人體運動的加分，在自律系統領域中，要從意識習慣解開著手才能進入，在內在環境穩定中的身心機轉規律下，逐漸養成、加強的改變；運動不能深入內臟領域、使細胞全面健康，就與長壽無緣。

只要其運動的方法，都能在這自律性領域的「內在環境穩定機制」之下，內在意識自覺的深入進展，阻礙生性本然的意識淨澄，覺性清純發展，細胞機能逐漸活絡，就會有年輕化、有長壽的機會。

3. 每日內修菜單

　　每天練拳架前的熱身運動，安排了每日內修菜單項目，是拳架內勁根基的養成；將每天菜單內修的心得、要訣，加進拳架的一招一式修習中，拳術自然日日長進；內在健康、內勁養成是漸進的累積，像建大樓一樣，根基做好再進入新的修程，功夫成就在於延續性，無延續性的要領，其努力成效有限；也需要悟性與每個人的努力配合。

　　入門的每日內修菜單，偏向「內勁根基養成」主題的整體性介紹，「以心行氣」的「心」，是心、意識，此時的氣以呼吸氣解，緩慢深長的腹式呼吸，與隱在神氣的周天循環，以心、意識去運行，向氣存丹田、或轉過尾閭進入氣堂，女性從氣堂經尾閭前進關元；到隱在神氣微微顯現時，帶動神氣運行，拳經的「以心行氣」，是內心、內意的「行氣」，前輩只教我們要「鬆、鬆、鬆」，現在已知道把身體、四肢外在，使控的骨骼肌群不用力的放鬆，即「人心」層面鬆放、自覺；習者剛剛開始，對內外意識界分不是很清楚，如腹部的深長呼吸，帶點外在使控意識加入活動也不妨，現在比較清楚就要把使控意識「放鬆」了。

　　吐納法內修的腹式呼吸，與「氣存丹田」是進入「以氣運身」修程的根基，尚未到達氣存丹田的習者，要在每日運動時間之外，找時間繼續努力加深丹田吐納養成；在

身心本然的循序漸進，由內在官能自覺運動，向身心自覺主導全身內外功能活動；實際上，腹式呼吸與氣存丹田等內外功用，是隱在其後的腦脊髓神經在主導。

在入門的周天導引（5－2），介紹了神氣大周天導引路徑，隨著緩慢深長的腹式呼吸，與每日內修菜單的基本動作，養成任督二脈的神氣大周天循環活絡，是以氣運身內修主題；下面以內臟運動練習式，與消化功能促進式，主解以氣運身內修的例述，招招式式徹底做到，依每日內修菜單努力，內修自然有成。

向前、向左、向右彎腰半坐勢：（圖1、圖2）

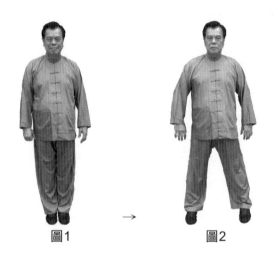

圖1　　　　　　→　　　　　圖2

彎腰半坐勢： 呼氣─

鼻孔呼空氣的同時，神氣自湧泉同步進氣，經雙腳足跟外側、沿小腿、大腿外側上升，至臀部中點環跳穴，向

海底穴會合進尾閭，與關元、氣堂呼吸空氣合流，經脊髓內沿督脈上升；即關元、尾閭、夾脊、玉枕、與任脈會合於泥丸，神氣出百會、玄關；空氣自鼻嘴呼出。

（女性體腔中的循環路經與上方相反，神氣沿任脈向上會合於泥丸，其他路徑相同。）

圖3

　　上身中正鬆放不變，隨腰、屈膝慢慢向下半坐，兩手掌心向後，收尾閭、緩慢的呼氣，與漸漸收縮腹腔內臟肌群，隨橫膈膜鬆放向上、壓向胸腔，大量的呼出空氣；將近呼完氣時，輕輕提肛，海底穴肌群、腹腔內臟肌群一體，直覺的用點意、用點力壓向胸腔，呼清空氣的狀態；全身內外都在鬆放狀態中！（圖3）

　　兩腿慢慢站直，吸氣—（圖4）

　　彎腰半坐勢，呼氣—（圖5）

　　兩腿慢慢起直，吸氣—同前（圖6）

圖4　　　　→　　　　圖5　　　　→　　　　圖6　　　↓

向前彎腰： 呼氣─

　　鼻孔呼出空氣的同時，神氣自湧泉同步進氣，經雙腳足跟外側、沿小腿、大腿外側上升，至臀部中點環跳穴，向海底穴會合進尾閭，與關元、氣堂呼吸空氣合流，氣存丹田；

　　呼氣繼續沿督脈上升；即關元、尾閭、夾脊、玉枕、與任脈會合於泥丸，神氣出百會、玄關；空氣自鼻嘴呼出。

　　（女性體腔中的循環路經與上方相反，神氣沿任脈向上會合於泥丸，其他路徑、腳掌上下兩股穩固在地板徑道相同。）

圖7

　　（呼氣—上身緩慢下彎同步緩慢呼氣，彎腰與腹腔肌群緊縮，隨著橫膈膜鬆放向上，有如腹腔整體擠壓凸向胸腔；在腹腔緊縮與彎腰的機械性壓力，將腹腔中內臟器官大量靜脈血液壓縮回流心臟外，胸腔呼氣肌群也收縮，自然產生大量呼氣，在呼出最後一口氣的同時提肛，形成身體內腔一體收縮，把氣全部呼出的樣子，向「先天呼吸量」擴大推進呼出。）（圖7）

　　起身吸氣、腰身半坐勢呼氣………（圖8、9）

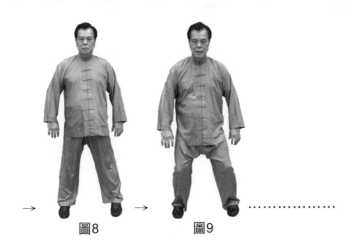

→　　圖8　　→　　圖9　　………………

　　大周天循環是身心全面運動的門徑，要養成吐納導引大周天循環以靜為主，即意識自覺的靜止狀態，如雙腿站樁式，方便在早晚自我加強練習，身心自覺、全身重量放鬆，下放兩腿的腳掌著地處，兩腿、膝蓋鬆開，腦、脊髓意識自覺的隨著呼吸，同步大周天練習養成。

消化功能促進式　雙腿站椿勢：（圖10～13）

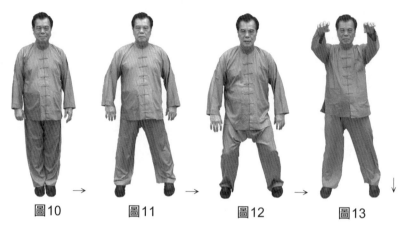

圖10　　　　　圖11　　　　　圖12　　　　　圖13

雙腿站椿勢：呼氣─、吸氣─

　　身體、四肢自覺放鬆站立，身姿半坐、雙臂前伸的耗氧，腹部呼氣緊收與吸氣鬆放要領，腹腔一緊一鬆帶動心肺功能運動：（圖14）

　　鼻孔呼空氣的同時，神氣自湧泉同步進氣，經雙腳足跟外側、沿小腿、大腿外側上升，至臀部中點環跳穴，向海底穴會合進尾閭，與關元、氣堂呼吸空氣合流，氣存丹田；再經脊髓、沿督脈上升，即關元、尾閭、夾脊、玉枕、與任脈會合於泥丸，神氣出百會、玄關；空氣自鼻嘴呼出。

　　（女性體腔中的循環路經與上方相反，神氣沿任脈向上會合於泥丸，其他路徑相同。）

圖14－A　　　　　　圖14－B

　　吸氣時，神氣自百會、玄關進，與鼻孔吸氣的直覺會合於泥丸，「神氣」自泥丸下咽喉，會合呼吸空氣，氣沿任脈向下丹田走（空氣進肺腔）；氣由橫膈膜下擴，充滿下丹田關元經海底穴分為三路：

　　一經尾閭關上升氣堂，使腹腔（關元）充滿了氣；

　　二路神氣分沿兩腿內側動脈，向下走到腳底湧泉穴，

　　此時的深長吸氣還在進行，並吸滿了丹田、氣堂，產生壓力；即將吸氣（實際上是神氣）從湧泉穴放出，自然舒解、減輕丹田中的壓力；這是吸氣與神氣貫串同步互動的下行路徑。（圖15～18）

　　前述吐納的重複，在乎神氣周天循環的純熟，內臟組織微循環血氣活絡，關係內在意識的惟微層面，意識自覺主導大周天循環，意識澄淨、覺性活潑，覺知的「神氣」顯現，進而全身覺性貫串神氣活潑，是每日用心內修的新

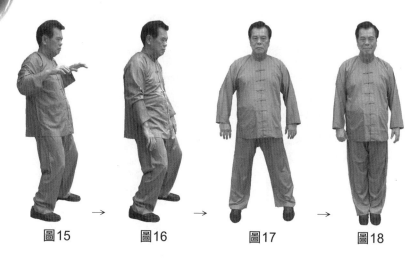

圖15　　　　圖16　　　　圖17　　　　圖18

標示：

如吸氣時，上身氣存丹田、神氣經雙腳掌出湧泉同時，能感知有另一股上升的反作用力，去感覺這股反作用力的去處，可以通向泥丸，與吸氣帶動的神氣相對的隱在動向。

或在呼氣時，神氣離開雙腳掌、小腿、大腿上升時，有另一股下降反作用力，下落雙腿腳掌湧泉，兩股相對徑道，形成身體穩固站在地板上。

主導血液循環活潑、隱在的腦神經活絡的顯知，向「氣斂入骨」進階，在下一個修程。此時程的身心自覺周天導引，加重運動量、耗氧，是一段較長的運動修程，各種動作招式、吐納要領貴在徹底，不參與運動的身體組織，覺性本然的真鬆，是組織微循環活絡、細胞代謝活潑的根基；方便習者每日內修，將每日內修菜單提示如後：

星期一：內臟全面運動日

向前、向左、向右彎腰半坐勢
抱虎歸山勢

(1).內臟運動練習式的向前、向左、向右彎腰半坐勢各做三次；向左轉身彎腰、轉正半坐勢，向右轉身彎腰、轉正半坐勢的循環做三次；接(2).項。

(2).內臟全面運動式的抱虎歸山勢做九次；接(3).項。

(3).左右打腰式：各50次如下：

(4).向前彎腰式：退左腿、退右腿，向前彎腰各27次。

(5).收　勢：兩腳微彎、呼出一口氣，原地踏：大腿前提90度，兩手向前、向後擺動180度，自然呼吸、踏30次做收勢。

星期二：身心運動日

向前、向左右彎腰半坐勢
彎腰扳腿、蹬腳式

(1).內臟運動練習式：向前彎腰、半坐勢做三次；向左彎腰半坐勢、向右彎腰半坐勢循環做三次，如前。

(2).身心運動養成式的彎腰扳腿、蹬腳式九次以上。

(3).左右打腰式　各50次，如前。

(4).頭部後仰、向後彎腰式，退左右腿、各做27次。

(5).收 勢：兩腳原地踏、大腿前提90度,兩手一同向前向後上擺180度的踏30次做收勢。

星期三：心肺功能運動日

向前、向左右彎腰半坐勢
向前、向左右單腿站椿式

(1).內臟運動練習式：向前彎腰、半坐勢各做三次,向左半坐勢、向右彎腰半坐勢循環做三次,如前。

(2).心肺功能促進式的前向左、右單腿站椿式,向左、向右單腿站椿式,兩側離地單腿站椿式,每一個方向、姿式各站椿三分鐘以上。

(3).左右打腰式：左右各50次,如前。

(4).單腿跪化式,向左、向右各18次如下：

(5).收 勢：兩腳原地踏、大腿前提90度,兩手一同向前向後上擺180度的踏30次做收勢。

星期四：內臟全面運動日

向前、向左右彎腰半坐勢
抱虎歸山勢

(1).內臟運動練習式：向前彎腰半坐勢各做三次,向左彎腰半坐勢、向右彎腰半坐勢循環各做三次,如前。

(2).內臟全面運動式：抱虎歸山勢 九下,如前。

(3). 左右打腰式：各50次，如前。

(4). 縮腹向前、彎腰式：左右各27次，如前。

(5). 收 勢，如前。

星期五：身心運動日

向前、向左右彎腰半坐勢
彎腰扳腿、蹬腳勢

(1). 內臟運動練習式：向前彎腰、半坐勢各三次，向左彎腰半坐勢、向右彎腰半坐勢循環做三次，如前。

(2). 身心運動養成式：彎腰扳腿、蹬腳勢 九次以上，如前。

(3). 左右打腰式：各50次，如前。

(4). 頭部向後、彎腰式：左右各27次，如前。

(5). 收 勢：兩腳原地踏、大腿前提90度，兩手一同向前向後上擺180度的踏30次做收勢。

星期六：健腸壯胃日

向前、向左右彎腰半坐勢
下勢三式

(1). 內臟運動練習式 向前、向左、向右彎腰半坐勢各做三次，如前。

(2). 健腸壯胃式：收尾閭下勢三式，每式左右各做三

次以上。

(3).左右打腰式 50次，如前。

(4).單腿跪化式：左右各18次，如前。

(5).收 勢：兩腳原地踏、大腿前提90度，兩手一同向前向後上擺180度的踏30次做收勢。

4. 拳架學習開始

　　秘傳太極拳術的拳架學習，延續基本拳勢、腹式呼吸習慣，須一招一式動作配合一呼一吸並進學習；由自主神經系統的內臟自覺主導全身拳架運動，即身體、四肢自覺放鬆，自能使控運動神經系鬆放輔動；除了參與招式運動的下身腰胯、實腿部位外，全身其他內外部位都要自覺、鬆放，養成身心自覺鬆放的新習慣，如陰陽腿的虛實互換，全身重量落實在陽腿時，陰腿一方自覺的虛鬆狀態；或將落實重量的陽腿上，不參與運動的組織部位也自覺養鬆（拳經上的「似鬆非鬆」義解），將實腿的部份筋骨肌肉鬆開的進階，使全身重量經骨架下放在腳掌著地處，支撐實腿肌群向自覺鬆放發展。

　　拳架活動，是由意識自覺、呼吸主導架式變換，與陰陽腿互換的同步配合運動，以氣存丹田、腹式呼吸法，配合拳架的招式學習養成；在拳架純熟之前，都須專注在呼吸氣、與微微的神氣在體內運行，到拳架純熟之後再放開這些；由身心一體自覺的神氣來主導全身拳架動作，自然能到達意到、氣到、勁到境界。

　　拳架學習之初，從大開大合的架式起始學習，每一招式都採用分解動作，一呼一吸的動作分解設計，隨招式順序解說與圖片對照；招式活動方向的變換，或圖片的照相方位調節，悉依如後的時針方向說明，方便習者的招式學

習養成。

招式熟悉後的拳架練習，卻不可制式分開，像做體操的分解動作，要內在自覺貫串、招式連綿不斷的活動，不停歇、分間隔的延續運動。

以深長腹式呼吸、配合緩慢的招式動作，招招式式活動練習越慢越好，動作放慢才有修改的機會，能自我省察不順遂的地方；身心在內外同步放長、養柔養彈性，與內在意識自覺主導全身內外的運動，也是以呼吸作用帶引內臟運動、配合神氣運行周身的養生狀態。

楊家秘傳太極拳術有三段拳譜，拳架運動中的招式變換方向，以下圖的鐘錶「時針」方位做為解說，以「12點鐘」為基準、正前方開始，與「6點鐘」後方、「3點鐘」右方、「9點鐘」左方，是四個「正方」；時針的1½、4½、7½、10½方位，是四個「斜方」；這八個方位，是整套拳術（一、二、三段）運動的方向。

招式變換以12點鐘基準開始，順時鐘方向的向右變化，或向右、後方轉動為解說；反之，拳架從12點、逆時鐘方向運動時，以向左、向左後方轉動的解說。

拳招的方向變換、身肢轉動姿態各異，解說圖片以手腳、身肢展現為主，依招式順序、在四正方位做選拍，習者留意解說方向自能貫連。

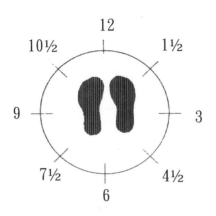

時鐘方位圖

　　以熟悉的時針方向代替五行、八卦方位，習者更易進入狀況；秘傳拳術第三段在第三冊、第四冊中，本冊進階是下節的第一段拳法開始學習，經招式完全純熟後，依序學習次節的第二段，漸而進之的學習與修練深入，自然能經內臟健康、漸進達到身心全面健全。

5. 秘傳第一段拳架學習

5－1 楊家秘傳第一段拳譜

(1).預備式（向12點鐘）。

(2).起式。

(3).右、左採手：

右方45度上方採手（1½），左方45度上方採手（10½）。

(4).左推手（9點鐘）。

(5).左單通臂（10½）。

(6).插手（10½）。

(7).右、左轉身掤手、攬雀尾、如封似閉：

右轉身掤手（4½）、攬雀尾、如封似閉；

左轉身掤手（1½）、攬雀尾、如封似閉。

(8).右上步採手（3點鐘）。

(9).左單鞭。

(10).右、左採手，肘靠：

右採手（10½）、右肘靠；左採手（7½）、左肘靠。

(11).右進步樸心掌（9點鐘）。

(12).退步左白鶴亮翅。

(13).左摟膝拗步。

(14).左手揮琵琶。

(15).右、左轉身,摟膝拗步、手揮琵琶:

右轉身(12點鐘),摟膝拗步、手揮琵琶;

左後轉身(6點鐘),摟膝拗步、手揮琵琶。

(16).右、左轉身,採手,進步搬攬錘,如封似閉:

右轉身(10½),採手,進步搬、攬、錘,如封似閉

左轉身(7½),採手,進步搬、攬、錘,如封似

閉。

(17).十字手(12點鐘)。

(18).抱虎歸山(一次)。

5－2　一段拳法解說

(1).預備式:

Ⅰ.開始,面向12點鐘站立,腳尖朝內,兩眼平視、上身中正:(圖19)

圖19

呼出一口氣—

Ⅱ. 腰胯、雙腿微坐，兩手掌心向後：（圖20）

圖20

吸氣—

Ⅲ. 上身不動，雙腿起直、輕提左腳跟：（圖21）

圖21

Ⅳ. 左腳向左橫跨一步與肩同寬，腳尖朝內、放下腳掌；身體重心落實雙腿腳掌著地處：（圖22）

圖22

圖23

呼氣─

　Ⅴ.上身中正、腰胯半坐，兩膝微彎，雙膝不超出腳尖：（圖23）

(2).起式：

吸氣─

　Ⅰ.腰胯慢慢起直，同時兩手向前平提至肩平，掌心向下、雙掌與肩同寬：（圖24）

圖24

呼氣─

　Ⅱ.腰身微坐同時，兩臂微彎、沉肩垂肘：（圖25）

圖25

(3). 右、左採手：

右採手：

吸氣—

Ⅰ. 重心移於左腿，右腳跟提起：（圖26）

圖26

圖27

呼氣—

Ⅱ. 身體向右方轉45度（1½方向），左腳跟隨身轉動、右手放下，左後腿微彎坐實：（圖27）

吸氣—

Ⅲ. 左腿起直，右腿提平、腳尖朝下的同時，右手上提、掌心向前與肩平，左手掌心向下不變下放移護右手肘下方：（圖28）

圖28

Ⅳ. 上身中正不變、左腿下坐，右腿前踏一步、腳跟著地：（圖29）

圖29

呼氣──

Ⅴ. 左後腿蹬直、起勁，右腳尖落地與腳跟提起，右手隨身勢向前、平推採出：（圖30）

圖30

左採手：

吸氣──

Ⅰ. 坐實左腿，落實右腳跟、腳尖翹起隨身向左轉，右掌心向左、趨左移動，左手微收：（圖31）

圖31

呼氣—

Ⅱ.右腳尖落實、重心移右腿，左腳跟輕提、左手下放，身體續向左方半轉（10 ½ 方向）：（圖32）

圖32

圖33

吸氣—

Ⅲ.右腿起直、左腿提平、腳尖下垂同時，左手上提、 掌心向前與肩平，右手掌心向下不變、下放移護左手肘下方。（圖33）

Ⅳ.上身中正不變、右腿下坐，左腿前踏一步、腳跟著地：（圖34）

圖34

呼氣──

Ⅴ.右後腿蹬直、起勁，左腳尖落地與腳跟輕提，左手隨身勢向前平推採出：（圖35）

圖35

(4).左推手：

吸氣──

Ⅰ.右腿半坐、輕提左腳跟，同時左手上揚至左臉側、掌心向右，右手下放右腿側：（圖36）

圖36

Ⅱ.左手小臂隨身右轉下放與胸平，右手由後上揚同肩高、掌心朝前，與兩眼後看、平視相向：（圖37）

圖37

Ⅲ. 左腿向左橫移一步，腳尖著地：（圖38）

圖38

圖39

Ⅳ. 隨腰胯向左前轉動（9點方向），身體重心前移左腿坐實，同時，右手續上揚至右耳邊，左手隨身左轉手掌下摟：（圖39）

呼氣—

Ⅴ. 左腿蹬直起勁，經腰脊直覺貫右臂、右掌心向前推出，同時右腿收至左腳跟側、腳尖著地：（圖40）

圖40

(5). 左單通臂：

吸氣

Ⅰ. 左腳不動，身向右轉動同時右腳後退半步：（圖41）

圖41

圖42

Ⅱ. 重心移於右腿、微坐，左腳跟輕提隨身向右半轉，右掌不變隨身轉向右側；左掌心向上移至右腹前：（圖42）

Ⅲ. 隨身體起直、左掌向右側下插，與上方右掌心相對：（圖43）

圖43

呼氣——

Ⅳ. 右腿半坐，右手下按至右腿外側，左手上扳至右胸前，形成兩手對捌：（圖44）

圖44

圖45

吸氣——

Ⅴ. 身體轉向左方（10½）同時，左手隨身轉向左上橫擊；右腳不動，左腳向左前方踏進半步、腳跟著地：（圖45）

呼氣——

Ⅵ. 右腿蹬直同時，左腳掌落地、腳跟提起，左手隨身勢向左上方插出，掌心與目平；右手虎口貼右大腿下按，形成雙手上下對應之勢：（圖46）

圖46

(6). 插手：

吸氣—

Ⅰ. 右腿半坐，左腳尖翹起隨身向右轉、腳尖向右內勾扣，同時右掌心向上置於右腰側，左手掌心下翻微收中：（圖47）

圖47

圖48

Ⅱ. 左腳尖著地、重心前移左腿，左掌下按狀、護於胸前，右掌插移右腹前：（圖48）

呼氣—

Ⅲ. 左腿起勁蹬直，右腳收半步、腳尖著地，同時右手掌心向上、隨身勢趨前經左手下方、向左前方（10½）插出：（圖49）

圖49

44

(7). 右、左轉身掤手、攬雀尾、如封似閉：

右後轉身掤手：

吸氣—

Ⅰ. 左腿不動，右腳跟隨上身向右後方轉180度（4½方向），右手隨身轉、掌心向內抱與心平，左手指尖貼於右腕；拍自12點鐘方位照：（圖50）

圖50

Ⅱ. 左後腿重心不變、下坐，同時右腳前踏半步，腳跟著地；A照拍自12點鐘方位，B照拍自3點鐘方位（以下同）：（圖51−A、51−B）

圖51−A

=

圖51−B

呼氣─

Ⅲ.左後腿起勁、腰脊自
覺貫串，右前腳尖落地、腳
跟提起，右手隨身勢向前、
順勢掤出與腋平：（圖52）

圖52

右攬雀尾：

吸氣─

Ⅰ.半坐左後腿，輕提右前腿腳跟、虛放，左手下
放、旋向左側、掌心向上，身隨腰胯右轉的同時，右手向
右上方同肩高移動、掌心向下：（圖53）

圖53

Ⅱ.左腿續下坐、腰胯續向右轉，右手下旋於右腿側、掌心向上，左手旋向左上方、掌心向下：（圖54）

圖54

圖55

Ⅲ.身隨腰胯左向轉動，雙手掌心相對、互動；上身轉於左側、雙掌合抱：（圖55）

Ⅳ.身手隨腰胯向右轉正、坐實後腿，雙手移近身前，右手半抱、掌心內向，左掌心向下、朝合右掌心：（圖56）

圖56

呼氣──

V.左後腿勁根起、經腰脊貫雙臂，左手貼於右腕順勢向前擠出：（圖57）

圖57

圖58

右如封似閉：

吸氣──

I.右掌心前翻向上方，雙手肘向內收合，坐實左後腿：（圖58）

II.半坐左腿、雙掌收至胸前；然後，右掌心翻向下方收入左腕下，全身重心前移右腿、微坐：（圖59）

圖59

呼氣—

Ⅲ. 右腿起勁同時，左腳收至右腳跟後、腳尖著地，與左手順勢向前方推出，右掌護於左肘下方：（圖60）

圖60

吸氣—

Ⅳ. 身體重心後移左腿、坐實，右前腿轉虛、輕提腳跟，同時左手回收至左胸前方，雙手掌心向前互動、收至腋前同胸寬：（圖61）

圖61

Ⅴ. 右腳向前進半步、腳跟著地：（圖62）

圖62

呼氣──

Ⅵ.左後腿起直、勁根
起同時，右前腳掌落地、輕
提腳跟，與雙手順勢向前按
出：（圖63）

圖63

圖64

Ⅶ.身體重心前移、坐實
右前腿，同時雙手下放狀如
圖64；然後，將左腳收至右
腿跟、腳尖著地：

左轉身掤手：

吸氣──

Ⅰ.右腿站直、身向左轉
（1½方向）同時，左腳向左
前方提平，雙手同步上移胸
前，左掌心向內在下，右手
在上、掌心向下指尖貼護於
左腕：（圖65）

圖65

Ⅱ.左腳前踏一步，腳跟
著地：（圖66）

圖66

呼氣—

Ⅲ.右後腿起勁、直覺上
貫腰脊，與左腳尖落地、輕
提腳跟，隨身勢趨前、右手
護隨左手向前順勢掤出與腋
平：（圖67）

圖67

左攬雀尾：
吸氣—

Ⅰ.半坐右後腿，左前
腳跟輕提、虛放，右手下旋
右腿側、掌心向上，身隨腰
胯左轉同時，左手向左上方
移動、同肩高、掌心向下：
（圖68）

圖68

Ⅱ.右腿續下坐、腰跨續向左轉，左手下旋向左腿側、掌心向上，與右手旋向右上方、掌心向下：（圖69）

圖69

圖70

Ⅲ.上身中正、雙手掌心相對不變，隨腰胯右轉、合抱於右側：（圖70）

Ⅳ.身手隨腰胯向左轉正、坐實後腿，雙手肘收合，左掌心內向、半抱於胸前，右掌心向下、朝合於左掌上：（圖71）

圖71

呼氣—

Ⅴ.右後腿勁根起、經腰脊貫串，右手貼於左腕順勢向前擠出：（圖72）

圖72

左如封似閉：

吸氣—

Ⅰ.左掌心前翻向上、右掌心向下貼合，雙手肘微收，坐實右後腿：（圖73）

圖73

圖74

Ⅱ.右腿半坐、雙掌收至胸前；然後，身體重心前移左腿同時，左掌心翻轉向下方收入右掌腕下：（74）

呼氣—

Ⅲ. 左腿起勁同時，右腳尖收至左腿跟後，與右掌隨身勢向前方推出：（圖75）

圖75

圖76

吸氣—

Ⅳ. 身體重心後移右腿坐實，左前腿轉虛、輕提腳跟，同時右手收回至右胸前方，雙手互動、掌心向前，收於腋前、同胸寬：（圖76）

Ⅴ. 左腳向前進半步、腳跟著地：（圖77）

圖77

呼氣——

Ⅵ 右後腿起直、勁根起，同時左前腳掌落地、輕提腳跟，腰脊直覺貫雙臂，雙掌順勢向前按出：（圖78）

圖78

(8).右上步採手：

吸氣——

Ⅰ.放下左前腿腳跟，上身前移、重心落實左腳掌，輕提右後腳跟、虛放，與放下左手：（圖79）

圖79

Ⅱ.左手原勢、掌心轉向右方，半坐左腿同時，右後腿微收，下垂右手收於右腿前：（圖80）

圖80

Ⅲ. 站直左腿，與右腿、右手同步提起，右手掌心向左與胸平，左手移護右肘側、右大腿上方：（圖81）

圖81

呼氣──

Ⅳ. 腰身半坐左腿，右腿前踏一步，腳跟著地，右手同時向前下採動：（圖82）

圖82

Ⅴ. 左腿微蹬同時，右腳尖落地、腳跟提起，右手順身勢前推繼續採出：（圖83）

圖83

(9). 左單鞭：

吸氣—

Ⅰ. 左後腿半坐、落實重心，放下右腳跟、翹起腳尖，同時右前臂上提、掌心朝向臉部：

圖84-A，承前式拍自3點鐘方位；與拍自12點鐘方位的圖84-B：

＝

圖84-A　　　　　圖84-B

Ⅱ. 隨身體左向轉正（12點）、右腳尖朝內勾落、放下腳掌，同時上提右前臂，自右側隨身轉、劃一半圓狀，轉至右臉前方、掌心朝臉部；左手移護右肘側、掌心向下，如右圖85；拍自12點鐘方位照（以下同）：

圖85

Ⅲ. 右手五指尖抓合成梅花爪，朝臉前向下勾落至胸前，左手覆於右掌背，兩臂與肩平：（圖86）

圖86

圖87

Ⅳ. 右腿原勢不變，重心移落左腿，上身隨腰胯右轉（3點方向）：（圖87）

Ⅴ. 下坐左後腿同時，雙手肘收合、沉肩，左指尖附于右抓勾手腕背：（圖88）

圖88

呼氣—

Ⅵ. 左後腿起勁，雙手原勢不變向前擊出：（圖89）

圖89

圖90

Ⅶ. 重心前移右腿、再起勁，同時左腿腳尖收至右腿內側，兩手原勢再擊出：（圖90）

吸氣—

Ⅷ. 右手抓勾不變，腰胯左向轉動同時，左手循右臂內側移至胸前、掌心向下：（圖91）

圖91

IX. 腰胯下坐右腿同時，身隨腰續向後（9點鐘）轉動，左手掌指朝左側前方下採，左肘向左肋內收、左掌採落與腰平：（圖92）

圖92

圖93

呼氣—

X. 左腳前踏半步、腳跟著地：（圖93）

XI. 右腿起勁、蹬直同時，左腳掌落地、輕提腳跟，左手隨腰身前移順勢向前按出、掌心同肩高：（圖94）

圖94

60

(10). 右、左採手，肘靠：

右採手：

吸氣—

Ⅰ. 身隨腰胯半坐右腿，同時左前腿腳跟落地、翹起腳尖，隨腰跨向左半轉，右勾手放開：（圖95）

圖95

呼氣—

Ⅱ. 重心移左前腿，輕提右腳跟、腳尖虛放，腰胯微轉向右（10½方向）同時，右手下放收至右腿前側，左手向胸前移、掌心向右：（圖96）

圖96

吸氣—

Ⅲ. 左腿站直，同時抬起右腿、提起右手，右掌向左與胸平，左掌移護於右手與右大腿間：（圖97）

圖97

呼氣─

Ⅳ．身、手隨腰胯下坐左腿，同時，右腳前進一步腳跟著地；然後，左後腿微蹬、起勁，同時右腿腳掌落地、輕提腳跟，右手隨身勢向前（10½）採出與腰平（圖98－A），與拍自9點鐘方位、正面照（圖98－B，以下同）：

圖98－A　　　　＝　　　　圖98－B

右肘靠：

吸氣─

Ⅰ．左腿站直，右腿收至左腿側、虛放，同時右手上移與肩平，與左手由下後伸上揚至肩高，雙手掌心向前：（圖99）

圖99

Ⅱ. 兩手同時向上劃一半圓，右手握拳、左掌心抵右拳會於頂額上方：（圖100）

圖100

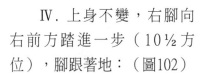

圖101

Ⅲ. 掌拳合抱下移、雙手前臂平胸前，腰胯落實左腿、雙腿下坐，右腳尖虛放：（圖101）

Ⅳ. 上身不變，右腳向右前方踏進一步（10½方位），腳跟著地：（圖102）

圖102

呼氣—

Ⅴ. 左後腿蹬起，放下右腳掌、輕提腳跟同時，左手推動右拳、與腰脊貫串勁道，經右肘向右側方擊出：（圖103）

圖103

圖104

Ⅵ. 右手下垂於右腿內側，胯移後、腰收內折狀，肩向右側再靠出，左手掌心向前、拇指在腋間，形成虎口緊貼於右肩；重心在左後腿：（圖104）

左採手：

吸氣—

Ⅰ. 重心前移右腿，左腿腳跟離地轉虛，腰胯微轉向左同時，左手向左後移動、掌心向下：（圖105）

圖105

Ⅱ. 右腿站直，腰身轉向左側（7½方向）轉動，同時抬起左腿、雙手同步互動，左手向左後下採、右手上移於胸前：（圖106）

圖106

圖107

Ⅲ. 左掌上提與胸平，右下移護於左肘下；身、手隨腰胯下坐右腿同時，左腳踏前一步、腳跟著地：（圖107）

呼氣—
Ⅳ. 右後腿微蹬、起勁，同時左前腿腳掌落地、腳跟輕提，左手隨身勢向前採出與腰平：（圖108）

圖108

左肘靠：

吸氣──

Ⅰ. 右腿站直同時，左腿收至右腿側、虛放，左手上移與肩平，右手向後伸、上揚至肩高，雙手掌心向前：（圖109）

圖109

圖110

Ⅱ. 腰、腿不變，兩手同時向上劃一半圓會於頂額上方，左手握拳、右掌心抵左拳，成合抱狀下放於胸前；與雙腿下坐、重心在右腿：（圖110）

Ⅲ. 體姿不變，左腳向左前方踏進一步（7½方位），腳跟著地：（圖111）

圖111

呼氣—

IV. 右腿蹬起，與左腳掌落地、腳跟輕提，同時右手推動左拳、與腰脊貫串勁道，經左肘向左側方擊出：（圖112）

圖112

圖113

V. 左手下垂於左腿內側，胯後移、腰向內收折，左肩向左側再靠出；右手掌心向前、拇指在腋間，形成虎口緊貼於左肩；與重心在右後腿：（圖113）

(11). 右進步樸心掌：

吸氣—

I. 重心右腿微坐、右手不動，左腿隨勢收至右腿內側、腳尖虛放：（圖114）

圖114

Ⅱ. 右腿上升同時，左手上提、經右前方向上劃一半圓，至胸前之右腕外側，兩手掌心向下成交叉狀；與左腿朝前方偏右趨左旋踢出：（圖115）

圖115

Ⅲ. 朝前方偏右趨左旋踢左腿，腳跟前踏半步落地、腳尖朝左同時，左手向左前方（9點方向）按出：（圖116）

圖116

Ⅳ. 左前腳掌踏實、重心前移，同時右後腿向前踏進一步、腳尖著地：（圖117）

圖117

呼氣—

V. 左後腿起勁，腰身貫串與趨前同時，右手順勢擊出、掌指向前與肩平，左掌護於右肘側：（圖118）

圖118

(12). 退步左白鶴亮翅：

吸氣—

I. 坐實左腿，右腿收回、再退後一步，腳尖著地同時，腰身向右後移、右手隨身後移收在左手上方：（圖119）

圖119

呼氣──

Ⅱ.右後腳跟趨向左腳後跟橫落，重心移於右後腿下坐、腳尖朝右；同時左腳收至右腳內側、腳尖虛放，與左手經右手前方上提、掌心轉向上迎過頭部，右手順勢向右側下按落於右大腿旁：（圖120）

圖120

(13). 左摟膝拗步：

吸氣──

Ⅰ.右後腿半坐，腰身右向轉動，同時左手掌心朝右、向下移動：（圖121）

圖121

Ⅱ. 上身續向右半轉，左前臂、手掌下壓與胸平同時，右手由右後方、向上平伸，掌心與後看目視平：（圖122）

圖122

圖123

Ⅲ. 左腿向左側前方、移踏半步；然後腰胯、雙腿下坐，腰身向左轉動同時，重心趨轉左前腿；左手下摟向左膝前，右臂上揚移動至右耳旁、掌心向前：（圖123）

呼氣—

Ⅳ. 左手摟膝、坐實左前腿起勁同時，右腿腳尖收至左腿跟後著地；腰身前移、腰脊直覺貫右臂，右掌順勢向前推出與肩平：（圖124）

圖124

(14). 左手揮琵琶：

吸氣—

Ⅰ.左腿微坐重心，右腳尖向左後側移動，同時左手上揚至左臉前、掌心向右，右掌微收於左掌下方、掌心向下：（圖125）

圖125

Ⅱ.放下右後腳掌、坐實重心，同時腰身向右半轉、腰胯下坐，前腳尖虛放，雙手肘收合，左手在前、右掌在內於胸前：（圖126）

圖126

Ⅲ.左腿向左側前方移踏半步、腳跟著地，雙手互動、左手在前掌背向外：（圖127）

圖127

呼氣—

Ⅳ.右後腿蹬直、起勁，
左腳尖落地、腳跟輕提的同
時，兩手原狀、左掌背順勢
向前彈揮出：（圖128）

圖128

(15). 右、左轉身，摟膝拗步、手揮琵琶：

右轉身、採手：

吸氣—

Ⅰ.腰身半坐右後腿，放下右手；翹起左腳尖、預備
隨腰身向右轉動：（圖129）

圖129

呼氣─

Ⅱ. 腰身、左腳掌向左轉
動，轉向12點鐘同時，放下
左腳掌、重心左移，右腿轉
虛、微收：（圖130）

圖130

吸氣─

Ⅲ. 左腳站直，右手、
右腳同時提起，右手掌指向
前，左手下移於右手下方與
右腿間：（圖131）

圖131

Ⅳ. 左腿向下半坐、右腿
前踏一步，右腳跟先著地：
（圖132）

圖132

呼氣—

Ⅴ.左後腿蹬直起勁，同時右前腳掌落地、輕提腳跟，右手順勢向前下採出：（圖133）

圖133

右摟膝拗步：

吸氣—

Ⅰ.重心落實左後腿、半坐，同時身體左向轉動，與右手上揚、掌心向左移動：（圖134）

圖134

Ⅱ.身體繼續向左後半轉，右手前臂同時向後押劃至胸前、掌心向下，左手由左後方向上平伸、同肩高，掌心向前與顏面向後、目視相對：（圖135）

圖135

圖136

Ⅲ.右前腿向右側移動半步：（圖136）

Ⅳ.身體向右回轉，重心趨移右前腿，與虛放左後腿；右手下摟向右膝前，左手上揚至左耳旁、掌指向前：（圖137）

圖137

呼氣—

V. 身體坐實右前腿、右手摟過右膝，同時左腳尖收至右腳跟後著地，腰脊貫串左臂、左掌順勢向前推出同肩高：（圖138）

圖138

右手揮琵琶：

吸氣—

I. 右腿微坐，左腳尖移向右後側，左手隨身收至右胸前、掌心向下，右手上揚於右臉側、掌心向左：（圖139）

圖139

Ⅱ.左後腳跟落地、坐實重心，右前腿腳跟輕提，左掌護胸隨身移動，右臂掌心轉向臉部：（圖140）

圖140

呼氣──

Ⅲ.前腿向右前方移踏半步，然後，左後腿蹬直起勁，與右腳跟輕提，兩手原狀、右掌背順勢向前揮彈送出：（圖141）

圖141

左後轉身、左採手：

吸氣──

Ⅰ.重心後移左腿，雙手肘微收，提起右前腳尖：（圖142）

圖142

Ⅱ. 雙手原勢隨身轉向左
後方180度（6點鐘方向），
重心移右腿，左前腿轉虛：
（圖143）

圖143

呼氣—
　　Ⅲ. 右後腿再下坐，左前
腿腳跟輕提轉向、微收：（圖
144）

圖144

吸氣—
　　Ⅳ. 右腳站直，左手、左
腳同時提起，左手掌指向前
與胸平，同時右手移護於左
手下、右大腿上：（圖145）

圖145

Ⅴ. 右腿向下半坐、左腿
前踏一步，左腳跟先著地：
（圖146）

圖146

圖147

呼氣──

Ⅵ. 右後腿蹬直起勁，
同時左前腳掌落地、輕提腳
跟，左手順勢向前下採出：
（圖147）

左摟膝拗步：
吸氣──

Ⅰ. 重心落實右後腿、半
坐，身體同時趨向右轉，左
手上揚至左臉頰掌心向右，
右手下放：（圖148）

圖148

Ⅱ. 身體繼續向右半轉，臉部朝右後方，右手由後方向上平伸與肩同高，掌心向前與後看雙目相對；左前臂向後劃下平胸前、掌心向內：（圖149）

圖149

圖150

Ⅲ. 左前腿，向左側移動半步：（圖150）

Ⅳ. 腰身向左回轉，同時重心移坐左前腿，與虛放右後腿；左手摟向左膝前，右手掌上揚至右耳邊：（圖151）

圖151

呼氣—

Ⅴ. 左前腿蹬直、起勁，
右腳尖收至左腿側、虛放，
同時左手摟過左膝前，與左
掌順勢向前推出、與肩平。
（圖152）

圖152

左手揮琵琶：

吸氣—

Ⅰ. 左腿微坐，右腳尖後移、落點在前腳跟的左後
側，右掌隨身微轉收向左胸前、掌心向下，同時左手上揚
左臉側、掌心向右：（圖153）

圖153

Ⅱ. 右後腳跟落地、腰身下坐後腿,前腿跟輕提,右手隨腰身移動護胸前,同時左臂掌心轉向臉部:(圖154)

圖154

呼氣—

Ⅲ. 左前腿向左側移進半步、腳跟著地;然後,右後腿蹬直起勁,左前腳尖落地、輕提腳跟,腰脊直覺貫雙臂,兩手原 狀、左掌背順勢向前揮彈出:(圖155)

圖155

(16).右、左轉身、採手，進步搬攬錘，如封似閉：

右轉身、採手：

吸氣──

Ⅰ.重心落實右後腿、半坐，放下前腿腳跟、翹起腳尖，漸隨腰身向右後轉動135度：（圖156）

圖156

呼氣──

Ⅱ.腰身轉向10½方位，放下左腳掌、重心移坐左腿，左手肘微收、掌心向右方，與右腿收至左腳跟內側，右手下落右腿前：（圖157）

圖157

吸氣—

Ⅲ. 左腳起直同時，提起右手與右腳，右手掌指向前與胸平，左手下移右手下方、與右大腿間：（圖158）

圖158

Ⅳ. 左腿向下半坐，右腿前踏一步、右腳跟著地：（圖159）

圖159

呼氣—

Ⅴ. 左後腿蹬直、起勁同時，放下右前腳掌、腳跟輕提虛放，腰身自覺貫向右臂、右掌順勢向前下採出：（圖160）

圖160

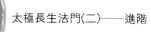

右進步搬、攬、錘：

吸氣──

Ⅰ. 放下右前腳跟、重心前移與站直，同時收左後腿並向前踏進半步、腳尖著地；與左手順勢前伸、掌心向上，右手肘收合、掌心向下；形成前後雙掌相對狀：（圖161）

圖161

圖162

呼氣──

Ⅱ. 腰胯、雙腿下坐，重心在右後腿，左虛腿、腳跟向右上方輕提；形成腰脊轉動、內勁貫串雙臂，右手隨腰部紐動向前下按、左手上收、雙掌對扳：（圖162）

吸氣—

Ⅲ. 左前腿跟原勢落地、重心前移，右後腿轉虛、輕提腳跟；上身隨腰胯移動、與左掌心轉翻向下，右手掌下移左腿前、掌心向上：（圖163）

圖163

Ⅳ. 左腿、腰身站直，右腿提平同時，右手掌自左手內側上提，移於左手肘上方、掌心向內：（圖164）

圖164

Ⅴ. 左腿半坐，右腿向右側前方踏出一步，腳跟著地：（圖165）

圖165

呼氣─

Ⅵ. 左後腿蹬起，右前腳掌落地、腳跟輕提，腰胯向右扭轉、前移同時，腰脊自覺貫串右臂，右手掌背向前、沿左臂上方向右前方攔出與肩平。（圖166）

圖166

吸氣─

Ⅶ. 上身、右臂手掌不動，腰胯向左後回轉內縮、半坐後腿，左手隨腰縮於腰側，握拳於腰際、拳心向上：（圖167）

圖167

Ⅷ. 腰胯前移、重心坐右前腿，左後腿轉虛：（圖168）

圖168

呼氣—

IX. 右腿起勁、蹬直，
左腿腳尖收至右腳跟內側
著地，腰身前移、腰脊內勁
自覺貫注左臂，左拳內向旋
轉、拳心向下，經右掌下方
向前錘出與肩平，右手護於
左肘上方：（圖169）

圖169

右如封似閉：

吸氣—

I. 左腳跟放下、重心左移，右腿轉虛、輕提腳跟同
時，左拳放開，循右前臂下方回收，兩手互動、雙掌心向
前、分置兩腋前：（圖170）

圖170

II. 左腿繼續下坐，右腳
前進半步、腳跟著地，雙手
肘微收：（圖171）

圖171

圖172

呼氣—

III. 左後腿起直、勁根
起，與右前腳尖放下、輕
提腳跟，雙手順身勢向前按
出：（圖172）

左轉身、採手：

吸氣—

I. 重心前移右腿、微
坐，左後腿腳跟輕提，右手
下放隨腰身趨前如圖173；然
後，左手沿左側、趨左後下
方環轉：

圖173

Ⅱ. 右腿起直、左腿提平同時，腰胯向左（7½方向）轉動，與左手後下、右手前旋，右掌心左向與腋平：（圖174）

圖174

圖175

Ⅲ. 左手上提、右掌移於左手下與左大腿間；然後，右腳半坐同時，左腳前踏一步、腳跟著地：（圖175）

呼氣—

Ⅳ. 右後腿蹬直、起勁同時，左前腳掌落地、腳跟輕提，左手順勢向前方採出：（圖176）

圖176

左進步搬、攬、錘：

吸氣──

Ⅰ. 放下左前腳跟、重心前移與站直，收右後腿、腳尖前踏半步，同時右手掌心轉上、順勢前伸，左手肘收合、掌心向下，雙掌前後相對狀：（圖177）

圖177

呼氣──

Ⅱ. 腰胯、雙腿下坐，重心在左後腿，右虛腿、腳跟向左上方輕提；形成腰脊轉動、內勁貫串雙臂，左手隨腰部扭動向前下按、右手上收，形成雙掌對扳狀：（圖178）

圖178

吸氣──

Ⅲ. 右腿原勢放下腳跟、重心前移，左後腿轉虛、輕提腳跟，上身隨腰胯前移、與右掌心轉翻向下，左手下移於左腿前、掌心向上：（圖179）

圖179

Ⅳ.右腿、腰身站直,左腿提平同時,左手掌自右手內側上提,移於右肘上方、掌心向內:(圖180)

圖180

圖181

呼氣—

Ⅴ.右腿半坐,左腿向左前方踏出一步、腳跟著地:(圖181)

Ⅵ.右後腿蹬起,左前腳掌放下、輕提腳跟,腰胯向左扭轉、前移同時,腰脊自覺貫串左臂,左手掌背向前、沿右臂上方向左前方攔出與肩平:(圖182)

圖182

吸氣─

Ⅶ. 上身、左臂手掌不
動,腰胯向右後回轉內縮、
半坐後腿,右手隨腰內縮,
掌心轉上、握拳收於右腰
際:(圖183)

圖183

圖184

Ⅷ. 身隨腰胯前移、重心
坐實左前腿,右後腿轉虛:
(圖184)

呼氣─

Ⅸ. 左腿起勁、蹬直,
右腳尖收至左腳腿跟內側著
地,同時隨腰身前移、腰脊
自覺貫注右臂,右拳內向旋
轉、拳心向下,經左掌下方
向前錘出與肩平,左手護於
右肘上方:(圖185)

圖185

左如封似閉：

吸氣——

Ⅰ. 放下右腳跟、重心右移，左腿轉虛、輕提腳跟，同時右拳放開、沿左前臂下方內收、兩手互動，雙掌分置兩腋前、掌心向下：（圖186）

圖186

Ⅱ. 右腿繼續下坐，左腿前踏半步、腳跟著地，同時雙手肘內收，雙掌心向前、同肩高：（圖187）

圖187

呼氣——

Ⅲ. 右後腿蹬直、勁根起，同時左前腳尖放下、腳跟輕提，雙手順勢向前按出：（圖188）

圖188

(17). 十字手：

吸氣─

Ⅰ. 兩手原勢隨腰身、右
腿半坐，同時放下左腳跟、
翹起腳尖，隨身向右後方
（12點鐘方向）轉動：（圖
189）

圖189

呼氣─

Ⅱ. 隨身向右後方轉正
（12點鐘），放下左腳尖、
重心左移半坐，右腿轉虛、
同時右手下放於右腿側（以
下拍自12點鐘方位照）：
（圖190）

圖190

吸氣─

Ⅲ. 左腿站直，右腿腳
尖靠向左腳，同時右手掌心
上、經左手內側移於左手背
上放，雙掌背交叉成十字：
（圖191）

圖191

IV. 左手不動，右掌心翻向下方，隨右腿向右橫跨一步、同肩寬，右手同時向右分開，雙手掌心向下、同肩寬：（圖192）

圖192

圖193

呼氣—

V. 上身中正不變，沉肩垂肘，兩腿鬆腰鬆胯向下半坐：（圖193）

（18）. 抱虎歸山（一次）：

吸氣—

I. 兩腿站直同時，雙手上舉、掌心向前：（圖194）

圖194

Ⅱ.身體不動；雙掌心向
上、向左右兩側擴落，然後
擴向後方：（圖195）

圖195

圖196

呼氣──

Ⅲ.兩掌心翻轉向下、微
坐雙腿：（圖196）

Ⅳ.兩腿下蹲、兩
膝與腳尖同寬，雙手隨
腰身下抱至兩膝外側：
（圖197）

圖197

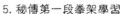

Ⅴ. 兩手抱合於正前方，掌心向上、左手托右手，兩眼下視雙手心：（圖198）

圖198

吸氣—

Ⅵ. 雙手前伸、雙掌先起，掌心升提至雙目高：（圖199）

圖199

Ⅶ. 然後兩腿起立，雙手抱合狀不變，隨身上移於眼前（圖200）：

圖200

Ⅷ. 身體原勢不變，雙掌向下翻轉、右掌心按於左手背；然後兩手左右分開、同肩寬：（圖201）

圖201

呼氣─

Ⅸ. 上身中正不變，沉肩垂肘、含胸拔背，兩腿鬆腰鬆胯向下半坐：（圖202）

；接第二段、或：

X. 合太極、收勢：（圖203.204.205.206.207）

（吸一口氣、合太極）　　　（呼氣）

圖203　　　　　　　　圖204

（吸氣、收勢）　　（呼氣）　（吸氣，然後，自然呼吸）

圖205　　　　　圖206　　　　　圖20 7

...........................第一段終了...........................

　　1993，Jun. 王延年 師父（左一）初次回大陸訪問，
作者（左二）介紹李雲龍 師伯的大弟子 張正國師兄（右
二）、與賀小平師兄（左一），於包頭機場的傍晚。

　　老師的神情，與師伯兩位弟子初次見面，歡愉之情溢
於言表，誠摯的歡迎展現在張正國師兄的臉上。

6. 秘傳第二段拳架學習

6-1　楊家秘傳第二段拳譜

（依 家師親授拳招順序）：

(19).右、左跨虎登山式。

右跨虎勢（3點）、左跨虎勢（1½）；

(20).右、左轉身三掌、攬雀尾、如封似閉。

右轉身三掌（4½）、攬雀尾、如封似閉、回身掌；

左轉身三掌（1½）、攬雀尾、如封似閉；

(21).右上步採手（3點）。

(22).左單單鞭。

(23).左、右推山入海。

左後轉身、推山入海（7½）；

右推山入海（10½）；

(24).左、右橫肘。

左橫肘（6點）；右橫肘（12點）；

(25).左、右肘底錘（9點）。

左肘底錘；右肘底錘；

(26).左、右，倒攆猴。

左倒攆猴；右倒攆猴；

(27).左、右進步撩臂撲心掌。

左進步撩臂撲心掌；右進步撩臂撲心掌；

(28).右推手（10½）。

(29).右單通臂。

(30).右肘靠、左採肘靠：

右肘靠；左採手（7½）、左肘、左靠。

(31).進步右撲心掌（9點）。

(32).退步左白鶴亮翅。

(33).左摟膝拗步。

(34).右挑簾式。

(35).右海底探針。

(36).右青龍出水。

(37).右轉身撇身錘（12點）。

(38).右、左掤手、攬雀尾，如封似閉：

右掤手（4½）、攬雀尾，如封似閉；左掤手（1½）、攬雀尾，如封似閉。

(39).右上步採手（3點）。

(40).左單鞭式。

(41).第一趟雲手（12點）。

往回兩次；

(42).左單鞭式。

(43).進步右高探馬，右推手，左採手，下勢，右分腳。

(44).退步左高探馬，左推手，右採手，下勢，左分腳。

(45).左轉身蹬腿（6點）。

(46).左摟膝拗步（3點）。

(47).進步右、左摟膝指襠錘；

進步、右摟膝指襠錘（4½）；

進步、左摟膝指襠錘（1½）。

(48).轉身下勢，右扳手（6點）。

右後轉身下勢、右扳手；

(49).上步左扳手。

(50).右肘底錘。

(51).右蹬腿。

(52).回身右探馬（10½）。

(53).下勢左打虎（6點）。

(54).轉身右打虎（12點）。

(55).捋手右蹬腿。

(56).右、左雙風貫耳；

右雙風貫耳；左雙風貫耳。

(57).捋手轉身左蹬腿。

捋手左轉身、左蹬腿；

(58).右轉身伏虎勢。

右後方轉身伏虎勢（3點）；

(59).進步陰陽腿。

右後方轉身（9點），左進步陰陽腿、右進步陰陽腿；

(60).右、左掤連錘，如封似閉。

右掤連錘（10 ½），如封似閉；

左掤連錘（7½），如封似閉；

(61).十字手（12點）。

(62).抱虎歸山（二次）。

6－2　二段拳法 解說

(19). 右、左跨虎登山式：

右跨虎勢登山：

吸氣─

Ⅰ.上身原勢、重心左移左腿，輕提右腳跟、虛放：（圖208）

圖208

圖209

Ⅱ.雙腿下坐、重心在左腿，腰身向右轉（3點方向）同時，左手掌心翻轉向上、上揚護於頭頂；右手掌心向左、隨身勢下坐向前下採：（圖209）

呼氣——

Ⅲ. 右腿前踏半步、腳跟
著地；然後，左後腿蹬直起
勁，放下右前腳掌、輕提腳
跟，上身趨前同時右手順勢
向前推出：（圖210）

圖210

圖211

吸氣——

Ⅳ. 右前腿腳跟放下，腰
身後移、右手下採，左後腿在
下坐、與翹起右腳尖；右掌心
轉下、向內微收與上提及肩
平，同時左掌心翻轉向下，沿
頭頂向腦後下移、護於頸背：
（圖211）

Ⅴ. 右前腳尖隨腰身右
轉、放下腳掌，身體重心
前移右腿、左後腿轉虛，同
時左手自頸部下移胸前、掌
心向前方，右手上提護於頭
頂、掌心向前：（圖212）

圖212

呼氣──

IX. 右前腿站直、起勁，左腿腳尖收至右腳內側，隨身勢前移、左手順勢向前（3點）推出：（圖213）

圖213

左跨虎登山勢：

吸氣──

I. 右腿站直同時，左大腿平提、腳尖朝下（1½方向），左手向左前方下採，掌心向右：（圖214）

圖214

呼氣──

II. 右腿向下半坐，左腳前踏一步、腳跟落地，同時左手隨勢下採；接著，右後腿蹬直起勁，放下左前腳掌、腳跟輕提，隨身勢前移、左手向前推出：（圖215）

圖215

吸氣—

Ⅲ. 右後腿向下半坐、左腳尖翹起，隨腰身後坐，右掌心翻向頂門，左手隨身移動、掌心向右：（圖216）

圖216

圖217

Ⅴ. 隨腰身向右轉動、左腳掌尖右向勾落，與前移重心，左手上提護額上、掌心向前，同時右掌沿頭頂、腦後、頸部護移，並下放至右胸前、掌心向左側前方：（圖217）

呼氣—

Ⅵ. 左腿蹬直、腰胯勁起，右腿腳尖收至左腳內側，同時右手隨身勢、向左側方推出：（圖218）

圖218

(20). 右、左轉身三掌、攬雀尾、如封似閉：

右轉身三掌：

吸氣──

Ⅰ. 左腿微坐、腰身向右方（4½方位）轉動，右掌向上、收經左腋、上移左臉側，與左腿繼續下坐同時，左手虎口沿右前臂外側向下移護於右肘側：（圖219）

圖219

呼氣──

Ⅱ. 腰身轉向右方（4½）時，右腿前踏半步、腳跟著地；然後，左後腿蹬直起勁，右前腳掌落地、輕提腳跟，與右手掌心翻轉向前、順勢按出一掌與肩平，左掌護於右肘側：（圖220）

圖220

吸氣—

Ⅲ. 左後腿半坐，腰胯左向半轉、左手隨腰胯下移向左後平伸與肋平，雙目隨左手轉動、後視：（圖221）

圖221

圖222

Ⅳ. 腰胯向右前方回轉、重心前移落實右腿同時，左掌上揚於左耳側、掌心向前，右手掌心轉向上、微收，兩眼向前平視：（圖222）

呼氣—

Ⅴ. 右前腿勁根起、左腿腳尖收至右腿內側著地，同時左掌經右掌上方、向前按出第二掌，右掌護於左肘下方：（圖223）

圖223

吸氣—

VI. 左腳跟落地、重心左移、下坐，右腳轉虛、輕提腳跟同時，腰胯向右轉、右手隨腰胯下移向右後伸出，雙目隨右手轉動、後視右掌心：（圖224）

圖224

圖225

VII. 腰胯向左回轉、半坐右腿，左腿前踏半步、腳跟著地同時，右手上揚於右耳側、掌心向前，與左手掌心翻轉向上，兩眼向前平視：（圖225）

呼氣—

VIII. 右前腿腳掌放下、腳跟輕提，左後腿蹬直、起勁，右手經左掌上方向前方（4½）按出第三掌，左掌護於右肘下方（左側方位照）：（圖226）

圖226

右攬雀尾：

吸氣一

Ⅰ. 坐實左後腿、半坐（面向4½），右前腿腳跟輕提、腳尖虛放，左手下放旋向左側、掌心向上，身隨腰胯右轉的同時，右手向右上方同肩高移動、掌心向下（正面方位照，以下同）：（圖227）

圖227

圖228

Ⅱ. 左腿續下坐、腰胯續向右轉，右手向下旋向右腿側、掌心向上，左手同時旋向左上方、掌心向下與左肩平：（圖228）

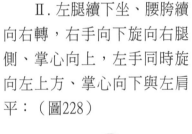

Ⅲ. 雙手原勢，隨腰身左轉、向左側，收合雙手肘、雙掌合抱不變：（圖229）

圖229

Ⅳ. 身手隨腰胯再向右轉正、坐實左後腿,雙手移近身前,右掌心內向半抱,左掌朝下、掌指貼附右掌心:(圖230)

圖230

呼氣──

Ⅴ. 左後腿勁根起、經腰脊貫串,左手貼於右腕順勢向前擠出與腋平:(圖231)

圖231

右如封似閉:

吸氣──

Ⅰ. 右掌心前翻向上方,雙手肘向內收動,坐實左後腿:(圖232)

圖232

Ⅱ.左腿半坐、雙掌收至胸前,右掌心翻向下方收入左腕下方,全身重心前移、落實右前腿:(圖233)

圖233

呼氣—

Ⅲ.右腿起勁同時,左後腳收至右腳側、腳尖著地,向下左掌順勢向前方推出,右掌護於左肘下方:(圖234)

圖234

吸氣—

Ⅳ.身體重心移左腿、坐實,右前腿轉虛、輕提腳跟,同時左掌沿右前方、雙手互動收合,掌心向前收於肩前同胸寬:(圖235)

圖235

呼氣─

Ⅴ. 右腳向前進半步、
腳跟著地；然後，左後腿
起直、勁根上貫，與右前腳
掌落地、輕提腳跟，雙手順
勢向前（4½）按出：（圖
236）

圖236

圖237

回身掌：
吸氣─

Ⅰ. 雙手原勢、半坐左
腿，翹起右前腳尖，隨腰身
向左轉動：（圖237）

Ⅱ. 雙手、右腳尖隨腰身
左轉（1½方向），放下右腳
掌、重心移於右移，微坐右
腿：（圖238）

圖238

呼氣—

Ⅲ. 右腿半坐、左腳尖移
於右腳內側,左掌下移胸前;
然後,右腿蹬直起勁、直覺貫
腰脊,右手上揚、掌心向前護
於頭頂,左手順勢向右側、後
方推出:(圖239)

圖239

圖240

左轉身三掌:

吸氣—

Ⅰ. 腰身向左方(1½方
向)轉動,左掌隨身轉收於右
胸前側:(同前三點鐘方位照
(圖240)

Ⅱ. 腰胯下坐、重心落實
右腿,左掌上揚至右臉側,
右手虎口沿左前臂外側同步
向下移護至左肘側:(圖
241)

圖241

呼氣─

III. 左腿前踏半步、腳跟著地；然後，右後腿蹬直起勁，與左前腳掌落地、輕提腳跟，同時左手掌心翻轉向前順勢按出、與肩平：（圖242）

圖242

吸氣─

IV. 右後腿半坐，腰胯向右半轉、右手下移向右後方平伸出，雙眼隨身轉動、後視右掌心：（圖243）

圖243

V. 腰身向左回轉、重心前移左腿坐實同時，右手上揚於右耳側、掌心向下，左手掌心翻轉向上，兩眼向前平視：（圖244）

圖244

呼氣—

VI. 左腿蹬直起勁貫腰脊，右後腳尖收至左腿內側著地，同時右手經左掌上方向前按出第二掌，左掌護於左肘下方：（圖245）

圖245

吸氣—

VII. 放下右腳跟、坐實，左腳輕提、轉虛；腰胯左向轉動、左手下移、向左後方伸出，雙眼隨身、後視左掌心：（圖246）

圖246

VIII. 腰身向右轉正、右腿半坐，左腳前踏一步、腳跟著地同時，左掌上揚於左耳側、掌心向下，右手掌心翻轉向上，兩眼向前平視：（圖247）

圖247

119

呼氣—

IX. 右後腿蹬直、起勁，
放下左前腳尖、輕提腳跟，
左臂承腰脊直覺貫注，左掌
經右掌上方向前（1½）按
出第三掌，右掌護於左肘下
方：（圖248）

圖248

左攬雀尾：

吸氣—

I. 坐實右後腿、半坐，左前腿腳跟輕提、腳尖虛
放，右手下放旋向右側、掌心向上，身隨腰胯左向轉動，
左手向左上方移動同肩高、掌心向下： （同前三點鐘方
位照）（圖249）

圖249

Ⅱ. 右腿續下坐、腰胯續向左轉，左手向下旋向左腿側、掌心向上，右手旋向右上方、掌心向下與肩平：（圖250）

圖250

圖251

Ⅲ. 雙手原勢，隨腰身右轉、向右側，與收合雙手肘、雙掌合抱不變：（圖251）

Ⅳ. 身手隨腰胯再向左轉正、坐實右後腿，雙手移近身前，左掌心內向半抱，右掌朝下、掌指貼附左掌心：（圖252）

圖252

121

呼氣—

Ⅴ. 右後腿勁根起、經
腰脊貫串,右手貼於左腕順
勢向前（1½）擠出與腋平:
（圖253）

圖253

圖254

左如封似閉:

吸氣—

Ⅰ. 左掌心前翻向上方,
雙手肘微收,坐實右後腿:
（圖254）

Ⅱ. 半坐右腿、雙掌收至
胸前;然後重心前移左腿、
半坐同時,左掌心翻向下方
收入右掌腕下:（圖255）

圖255

呼氣—

Ⅲ. 左腿起勁同時，右腳尖收至左腿跟後，右掌隨身勢向前方推出：（圖256）

圖256

圖257

吸氣—

Ⅳ. 身體重心右移、坐實右腿，左腿轉虛、輕提腳跟，同時右手沿左側回收、雙手互動，雙掌收肩前、同肩寬：（圖257）

呼氣—

Ⅴ. 左腳向前進半步、腳跟著地；然後，右後腿起直、勁根起，左前腳掌落地再輕提腳跟，雙手順勢向前（1½）按出：（圖258）

圖258

123

(21). 右上步採手：

吸氣─

Ⅰ. 左前腿腳跟落地，腰身前移、微轉向右側，身體重心落實左前腿，右後腿輕提腳跟：（圖259）

圖259

圖260

Ⅱ. 左手原勢、掌心轉向右方，半坐左腿同時，右後腿微收，右手下垂於右腿前：（圖260）

Ⅲ. 左腿伸直，右手、右腿同步提起，右手掌心向左與胸平，左手移護於右手與右大腿間：（圖261）

圖261

呼氣—

Ⅳ. 左腿半坐，右腿前踏
一步，腳跟著地，右手向下採
動，然後左腿微蹬，與右腳尖
落地腳跟提起，下採右手順身
勢向前推出：（圖262）

圖262

(22). 左單單鞭：

吸氣—

Ⅰ. 腰身後移、半坐左後腿，放下右腳跟、翹起腳
尖，右手掌心轉向上、微收手肘（圖263－A，承前三
點方位照），與取景自十二點方位照（圖263－B，以下
同）：

圖263－A

=

圖263－B

Ⅱ. 右掌臂隨腰身左轉、
劃一半圓，與左腳尖內勾隨
腰身轉正（12點鐘）、放下
腳掌，重心移兩腿間，左手
移護右肘下：（圖264）

圖264

圖265

Ⅲ. 右手五指尖抓合成梅
花爪，朝臉前向下勾落至胸
前，左手覆於右掌背，雙手
前臂與肩平：（圖265）

Ⅳ. 右腿掌尖向前不動，
重心移向左腿、微坐，上身
隨腰胯右轉：（圖266）

圖266

Ⅴ. 下坐左腿同時，雙手肘下垂合、沉肩，左指尖附於右抓勾手腕背：（圖267）

圖267

圖268

呼氣─

Ⅵ. 左後腿起勁，雙手原勢不變向前擊出：（圖268）

Ⅶ. 重心前移右腿、再起勁，左腿跟起、腳尖收至右腳內側，兩手原勢，隨身勢前移、再次擊出：（圖269）

圖269

(23). 左、右推山入海：

左後轉身、推山入海：

吸氣—

Ⅰ. 右腿微坐，右手不動，腰身轉向左方、臉朝左側，同時左掌原勢沿右臂內側移至胸前，與左大腿提平、腳尖朝下：（圖270）

圖270

圖271

Ⅱ. 微坐右腿、腳跟輕提，右腿起直、腳尖為軸，以腰胯扭力、承勢將身體旋轉向左側（9點鐘方向），與放開右抓勾手；然後，左腿向左側（7½方向）踏出一步，重心前移左腿、坐實，與左手順勢向左膝前採落，右手上揚至右耳側、掌心向前：（圖271）

呼氣—

Ⅲ.左腿繼續下坐，右後腳尖收至左腳內側，隨腰身前移、下坐，右掌從右上向左下推、按出：（圖272）

圖272

圖273

右推山入海：

吸氣—

Ⅰ.輕提左腳跟、微起左腿，提平右大腿、腳尖朝下，左手上揚至耳側；以左腳尖為軸，腰胯旋向右側（10½方向）：（圖273）

Ⅱ.右腿前踏一步、身體前移，右手向右膝前同步採落：（圖274）

圖274

呼氣──

Ⅲ. 右腿蹬直起勁，左腳尖收至右腳掌內側著地，隨身勢向前下坐，腰勁自覺上貫，左掌順勢向右側腰前下推、按出：（圖275）

圖275

(24). 左、右橫肘：

左橫肘：

吸氣──

Ⅰ. 隨腰身微直，左掌內收握拳、橫肘胸前；上身不變、隨右腳跟輕提如圖276；然後右前臂提平，備以兩腳尖為軸，腰胯扭旋向左側：

圖276

Ⅱ. 隨腰胯扭向左側，左肘向左後順勢擊出（6點鐘方向），放下右腳跟、坐實重心，左腿虛放依舊；右腿繼續下坐、腰身轉正，左手肘收合、前臂豎立胸前、拳心向右；右手護左肘下側、掌心向下：（圖277）

圖277

呼氣—

Ⅲ. 左腿前踏半步、腳跟著地，右腿蹬直勁起，放下前腳掌、輕提腳跟，隨身前移、左拳向前擊出：（圖278）

圖278

右橫肘：

吸氣—

Ⅰ. 重心微坐右後腿；左前腳尖翹起、左拳放開，隨腰身向右轉動，同時右手放下：（圖279）

圖279

Ⅱ.左前腳尖右向轉動90度、放下腳掌,與輕提右腳跟,重心移向左腿、微提腳跟,與右手上提橫肘胸前、掌心向下,左手掌收貼於右掌上方:(圖280)

圖280

圖281

呼氣─

Ⅲ.上身原勢微坐雙膝,以兩腳尖為軸、起直腰身,腰胯扭旋向右,同時右橫肘向右後(12方向)順勢擊出:(圖281)

吸氣─

Ⅳ.腰身轉正(12)、腰胯下坐左腿,右手握拳、手肘下收,上臂豎立胸前、拳心向左;左掌移護右肘下:(圖282)

圖282

呼氣—

Ⅴ.右腿前踏半步、腳跟著地；然後，左後腿蹬直、勁起，放下前腿腳掌、輕提腳跟，隨身前移左拳向前出擊：（圖283）

圖283

(25).左、右肘底錘：

左肘底錘：

吸氣—

Ⅰ.半坐左腿，翹起右腳尖，隨腰胯內收、左向半轉，右腳尖內勾、放下腳掌，同時放開右拳，右手下按、與腰平，左掌心翻轉向上、收於左腰側：（圖284）

圖284

呼氣─

Ⅱ. 重心前移右腿、半
坐同時，隨身勢向前移動，
左手順勢經右掌背上方向右
側前方（10½）插出：（圖
285）

圖285

吸氣─

Ⅲ. 右腿慢慢起直同時，左手掌心翻轉向下、經右側
向左後方平移劃圓，與右掌內移、經內側向右側方前轉劃
圓，兩手對應轉動的同時，左腿上提、腳尖朝下；與左手
掌心翻轉向上、握拳附於左腰側，右手掌心向下、在前與
肩平：（圖286）

圖286

呼氣—

Ⅳ. 半坐右腿，左腿向前踏出一步，腳尖著地，腰胯轉右、左拳順勢向前（9）經右掌下方擊出，右手護於左肘上方：（圖287）

圖287

圖288

右肘底錘：

吸氣—

Ⅰ. 右腿半坐，左腳跟落地、腳尖翹起，隨腰胯左向內收同時，左拳放開、掌心向下移於腰前，右掌心向上、收於腰側：（圖288）

呼氣—

Ⅱ. 重心前移左腿、半坐，與右後腿腳尖收至左腳內側，隨身勢前移、右手經左掌背上方順勢向前（7½）插出，左手護於右肘下方：（圖289）

圖289

吸氣──

Ⅲ. 左腿起直，右腿上提腳尖朝下，腰胯向右半轉同時，右手掌心向下翻、隨腰身向右後方平移劃圓中；左掌向下、手臂揮向左側：（圖290）

圖290

圖291

Ⅳ. 左腿站直、右大腿提平，腰胯續向右半轉同時，右手續向右後方劃出、然後握拳收貼於腰際，左手向右前方劃一半圓收至胸前、掌心向內：（圖291）

呼氣──

Ⅴ. 左腿半坐、右腿向前踏出一步，腳尖著地，腰胯微左轉正，右拳順勢向前（9）經左掌下方擊出、拳心向左；左手護於右肘上方：（圖292）

圖292

(26). 左、右倒攆猴，兩次：

左倒攆猴：

吸氣—

Ⅰ.隨左腿站直、兩眼前視不變， 腰身向左（7½）轉動，左手順勢下放、沿左側向後平伸同肩高；同時右腿腳尖收至左腳內側，右拳放開、前伸（9）與肩平（12點方位照，以下同）：（圖293）

圖293

圖294

Ⅱ.左腿不動，腰胯微向右側下坐，右腿沿左腳側向後（1½）退一步、腳尖著地；然後右腳跟左向、內收轉動，右手掌心翻轉向上，左手上揚收至左耳側、掌心向前：（圖294）

呼氣──

Ⅲ. 內收右後腳跟落地，左前腳尖翹起、隨腰胯向右半轉，與重心落實後腿、半坐，左前腳尖內勾、放下腳掌，然後，右後腿蹬直、輕提前腳跟同時，左手隨勢經右掌上方向前（9）按出，右掌互動收護於左肘下方：（圖295）

圖295

右倒攆猴：

吸氣──

Ⅳ. 右腿起直、左前腳尖收經右腳內側，腰身向右後半轉、面朝10½同時，右手下放、向後方平伸：（圖296）

圖296

Ⅴ. 右腿不動，腰胯微向左側下移，左腿退後一步、腳尖著地，然後，左後腳跟右向內轉；左掌心翻轉向上，右手上揚於右耳側、掌心向前：（圖297）

圖297

呼氣—

Ⅵ. 內勾左後腳跟放下、落實重心，右前腳尖翹起、隨腰胯左後向半轉，面朝10½方向、重心半坐後腿，與內勾右前腳尖放下；然後，左後腿蹬直與輕提前腳跟同時，右手經左掌心上方，順勢向前（9點方向）按出、與肩高，左掌護於左肘下：（圖298）

圖298

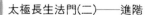

如上 I － VI.再重複:「左、右倒攆猴」一次。

(27). 左、右進步撩臂撲心掌(面向9點鐘):

左進步撩臂撲心掌:

呼氣—

I.繼前,腰身下坐左後腿,放下右前腳跟、翹起腳尖右轉45度,雙手隨腰身向後移、微收手肘:(圖299)

圖299

吸氣—

II.右腳掌落地、重心前移右腿,左腳尖收落右腳側同時,掌心向內左手,經右掌背向前上方插出;然後,右腿站直、腰胯轉正,左大腿提平、腳尖朝下,左掌反轉向前;右掌護於左肘下方:(圖300)

圖300

Ⅲ. 全身原勢，隨左腿後伸，上身趨前、向下，半坐右腿、重心落實腳掌：（圖301）

圖301

圖302

呼氣—

Ⅳ. 雙手原勢，隨右腿起勁、腰身起直，左腿腳跟向前順勢蹬出、腳尖會合左掌然後分開：（圖302）

吸氣—

Ⅴ. 左腿腳跟下落身前一步，雙手原勢隨腰身前彎（圖303－A）；右腿繼續下坐、左腿直伸不變，隨身前曲左手扶於左腳尖（圖303－B）：

圖303－A → 圖303－B

Ⅳ. 趨前身軀、向上半
起，同時右掌心轉向上、
沿左臂內側下方向前伸出，
放下左前腳尖，重心前移左
腿、半坐，右後腿跟輕提：
（圖304）

圖304

呼氣─

Ⅶ. 左腿微蹬起，右腳向
後倒踢，同時左手向左後方
採出，右手撩向左肩上方：
（圖305）

圖305

吸氣—

VIII. 右腳落於左腳後方、重心移右腿，左腿轉虛、輕提腳跟，同時右手掌轉向下按，左手上提與腰平、掌心向前：（圖306）

圖306

圖307

呼氣—

IX. 半坐右腿，左腿腳尖前踏半步，右後腿蹬直、起勁，腰際內勁貫脊臂，左手經右掌背上方、向前按出：（圖307）

右進步撩臂撲心掌：

吸氣—

I. 腰身後移、半坐右腿，左腳尖翹向左轉45度，雙手隨腰身後移、微收，左手掌心下按，右掌向上、收移腰際：（圖308）

圖308

吸氣─

Ⅱ.左腳掌落地、重心前移左腿,腰身前移、右腳尖隨身收落於左腳跟後,同時右手經左掌背向前、上方插出:(圖309)

圖309

Ⅲ.接著左腿站直,右大腿提平、腳尖朝下,腰胯右向微轉正方、全身直立狀,同時右掌心翻轉向前、左掌護右肘下:(圖310)

圖310

Ⅳ.全身原勢,隨腰身下坐左腿,與右腿後伸,左腿半坐、全身重心下降左腳掌:(圖311)

圖311

呼氣—

V. 上身原勢，隨左腿微升起勁與腰身起直同時，右腿腳跟順勢向前蹬出，右腳尖與右掌會合、分開：（圖312）

圖312

吸氣—

VI. 右腿腳跟下落身前一步、直伸右腿，上身、雙手原勢不變向前彎腰，與左腿繼續下坐；隨腰身前曲右手扶於右腳尖：（圖313）

圖313

VII. 放下右前腳掌，身體重心前移、半坐右腿，趨前上身、向上半起同時，左掌翻轉向上、沿右臂內側、經右掌向前伸出，左後腿跟輕提：（圖314）

圖314

呼氣—

VIII. 右腿微蹬起,左腳向後倒踢,同時右手向右後方採出,左手撩向右肩上方:(圖315)

圖315

吸氣—

IX. 左腳落於右腳後方,重心後移左腿、微坐,右腳跟輕提、虛放同時,左手掌心轉向下按,右手上提於胸前、掌心向前:(圖316)

圖316

呼氣—

X. 左腿半坐,右腿腳尖前踏半步;左後腿蹬直起勁,放下右前腳掌、輕提腳跟,隨身勢趨前、右手經左掌背上向前按出:(圖317)

圖317

(28). 右推手：

吸氣─

Ⅰ. 左後腿半坐、腰胯左轉，與臉轉向左後方，左手經左側下方往後向上平伸、掌心與目相對，右手上揚至臉側、掌心向後：（圖318）

圖318

Ⅱ. 右前腿尖向右跨半步（10½方向），腰胯右轉前移、坐實前腿，左後腿轉虛同時，左手上揚至左耳邊、掌心向前，右手從左胸向右膝外側撥落：（圖319）

圖319

呼氣─

Ⅲ.半坐右腿起直、腰身趨前移動，收左後腳尖同時，腰脊直覺貫左臂，左手掌心朝下、向右前方推出：（圖320）

圖320

圖321

(29). 右單通臂：

吸氣─

Ⅰ.上身原勢隨右腿下坐，左腿後退一步、腳尖著地：（圖321）

Ⅱ.重心後移左腿、微坐，右腿腳跟虛提，隨腰身左後方向半轉，左掌原勢收合左胸前；然後左腿站直同時，右腳尖收於左腳內側，與右掌心向上、收於左腹前，雙收掌心對抱於左側：（圖322）

圖322

呼氣—

Ⅲ. 腰胯、左腿下坐同時，左掌下按、右掌上托，隨身勢下坐、雙掌對扳：（圖323）

圖323

圖324

吸氣—

Ⅳ. 左腿重心不變、腰胯微坐，腰脊貫串向右（10½方向）轉動，右臂原勢橫劃半圓擊出；然後右腿踏前半步、腳跟著地：（圖324）

呼氣—

Ⅴ. 左後腿蹬直起勁，放下前腿腳尖、輕提腳跟，右手順勢向右上方插出（10½）、掌心與目平；左手虎口貼於左大腿、同步下按對應：（圖325）

圖325

（30）. 右肘靠、左採肘靠：

右肘靠：

吸氣─

Ⅰ. 腰身重心回坐左腿同時，左手向後、往上平伸與肩高，與左腿起直，右腳尖收至左腳內側，承前招式方位照（圖326－A），與拍自9點鐘方位照（圖326－B）、以下同：

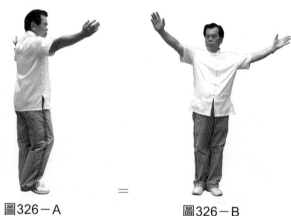

圖326－A　　＝　　圖326－B

Ⅱ. 腰、腿不變，兩手同時向上劃一半圓，右手握拳、左手掌心抱右拳，成合狀，下放、雙手前臂下移與胸平：（圖327）

圖327

Ⅲ. 上身原勢不變，右腳向右前方（10½）踏進一步，腳跟著地：（圖328）

圖328

呼氣一

Ⅳ. 左後腿蹬起，放下右腳掌、輕提腳跟，左掌推動右拳、雙臂與腰脊貫串勁道，右肘向右側方（10½）擊出：（圖329）

圖329

Ⅴ. 右手下垂於右腿內側，胯後移、腰收內折，右肩向前側靠出，左手掌心向前、拇指在腋間，形成虎口緊貼於右肩，重心在左後腿：（圖330）

圖330

左採手：

吸氣—

Ⅰ.右腳跟落地、前坐重心，左後腿跟提起、轉虛，左手向前平伸於前方、掌心向下，右手對應後移：（圖331）

圖331

Ⅱ.右腿微起、腰胯趨向左（7½方向）轉動，左手向左後方旋劃半圓、收落於左後側，右手旋向左前方、掌心向左，與右腿站直，左腳收經右腿側、提起，左手收於左胸側、掌心向右：（圖332）

圖332

Ⅲ.身、手隨腰胯下坐右腿，左腳前進一步腳跟著地，右掌收於小腹前：（圖333）

圖333

圖334

呼氣——

Ⅳ.右後腿微蹬、起勁，放下左腳掌、輕提腳跟，腰身勢趨前、左手向前採出：（圖334）

左肘、靠：
吸氣——

Ⅰ.右腿站直同時，左腿尖收至右腳內側，左手上移與肩平，右手由下向後伸、上揚同肩高，雙手掌心向前：（圖335）

圖335

Ⅱ. 腰、腿不變,兩手同時向上劃一半圓,雙手前臂下落平胸前,左手握拳、右手掌心抵左拳,與腰胯下坐雙腿:(圖336)

圖336

圖337

Ⅲ. 體姿不變,左腳向左前方(7½)踏進一步,腳跟著地:(圖337)

呼氣─

Ⅳ. 右腿蹬前、起勁,與左腳掌落地、腳跟輕提,同時右手推動左拳與腰脊勁道貫串,經左肘向左側方擊出:(圖338)

圖338

Ⅴ.左手下垂於左腿內側，胯移後、腰收內折狀，肩向左側（7½）靠出；右手掌心向前、拇指在腋間，形成虎口緊貼於左肩，重心在右後腿：（圖339）

圖339

圖340

(31). 進步右撲心掌：

吸氣——

Ⅰ.重心落實右後腿、半坐，右手不動，左腿腳尖順勢收至右腳內側：（圖340）

Ⅱ.右腿微伸直同時，左腿向前（9）、偏右趨左旋踢出；左手由下經右向前方上劃一半圓，至胸前右腕之外側，兩手掌心向下成交叉狀：（圖341）

圖341

Ⅲ. 踢左腿偏左前側下落腳跟、腳尖朝左,同時雙手互動、向前按、推:(圖342)

圖342

圖343

Ⅳ. 踏實左腳掌、重心前移同時,右後腿再向前、踏進一步腳尖著地:(圖343)

呼氣──

Ⅴ. 左後腿起勁,腰身貫串趨前同時,右撲心掌、順勢向前擊出,掌指與胸平:(圖344)

圖344

(32). 退步左白鶴亮翅：

吸氣—

Ⅰ. 下坐左腿，收右腿再後退一步、腳尖著地，腰身後移，右掌隨身肩高內收：（圖345）

圖345

呼氣—

Ⅱ. 右後腳跟趨向左腳後跟橫落，重心後移右腿、趨下坐實，左腳轉虛、腳尖收至右腳內側同時，左手經右手前方上提、掌心轉向上迎過頭部，右手下落、虎口沿右腿側下按：（圖346）

圖346

（33）. 左摟膝拗步：

吸氣──

Ⅰ. 右腿半坐，腰身向右半轉，同時左手微收下移與臉平、掌心向右下：（圖347）

圖347

Ⅱ. 腰身續向右後半轉、臉向後看，左掌下壓、前臂平胸，右手由右後方向上平伸，掌心與兩眼平對：（圖348）

圖348

Ⅲ. 左腿向左側前方移半步，下坐腰胯與腰身向左前轉動，重心漸前移左腿同時，右臂上揚、手掌收至右耳旁，左手趨向左膝前下摟：（圖349）

圖349

呼氣—

Ⅳ. 左手摟過左膝同時，坐實左前腿、起勁；右腿腳尖收至左腳側，腰脊貫注右臂，隨腰身前移、右手順勢向前（9點鐘）推出（9點鐘正面照）：（圖350）

圖350

(34). 右挑簾式：

吸氣—

Ⅰ. 承前（9點鐘）方向；右腿後退一步、坐實重心，左腿跟輕提、上身微向後仰；同時左手上揚與右手腕交叉，雙掌心向前（12點方位照，以下同）：（圖351）

圖351

Ⅱ.上身原勢不變，左前腿跟向右前轉動、腳掌橫向落地，身體前移、坐實重心；右後腿轉虛輕放：（圖352）

圖352

呼氣——

Ⅲ.右腿腳尖前踏一步；然後左後腿蹬起同時，左手上迎護於頭頂左上方，右手掌心向前擊出與眼平：（圖353）

圖353

(35). 右海底探針：

吸氣——

Ⅰ.左掌護於頭部不變，右前腿腳尖收落左腳內側，同時右手收落右腿前側，上身微傾向前、低頭下視狀：（圖354）

圖354

Ⅱ. 左實右虛、雙腿站直
原勢，上身向前下彎，右手
下探右腳尖前、指尖著地：
（圖355）

圖355

呼氣—

Ⅲ. 隨腰胯下蹲，重心轉
移右腿、左腿跟輕提轉虛同
時，右腿、腰脊直覺上貫，
抬頭兩眼平視、左手向前按
出：（圖356）

圖356

(36). 右青龍出水：

吸氣—

Ⅰ. 放下左腳跟、重心移
回左腿，右腳跟輕提轉虛同
時腰身起立，身體上升、兩
腿半坐狀，左手收護頭部，
右手隨身上移腰前、掌心向
左：（圖357）

圖357

呼氣──

Ⅱ.右腿腳尖前踏半步，左腿蹬直勁起，身勢前移、右手順勢向前上方托出、掌指前推：（圖358）

圖358

圖359

(37). 右轉身撇身錘：

吸氣──

Ⅰ.身隨腰胯向左後半轉、坐實左後腿，放下右前腳跟同時，右手收落小腹前，左手下移護胸前：（圖359）

Ⅱ.右手握拳，翹起右腳尖隨腰胯向右前方轉動，腰身向右半轉扭勁，右前臂向右上側旋動擊出、拳心轉上，左手護於右肘上側：（圖360）

圖360

呼氣—

Ⅲ. 右腳掌落地、重心前移坐實，腰身繼續向右轉動，左腿前踏一步、腳尖著地，右拳放開、手掌收貼於腰部；然後右腿伸直、腰胯內勁直覺貫脊臂，掌心向下左掌、掌刀向前（9）擊出：（圖361）

圖361

圖362

吸氣—

Ⅳ. 半坐右後腿，放下左腳跟、翹起腳尖，隨腰身趨向右轉動同時，左掌同步上揚護於頭上，右手下放於右腿外側：（圖362）

呼氣—

Ⅴ. 隨腰身向右轉正（12點方位），放下左腳尖、重心左移，右腳跟輕提、虛放，同時右手向右側上方平伸、掌心向上與肩平：（圖363）

圖363

VI. 左腿站直、右腿腳尖收落於左腿內側,同時右手握拳、前臂上揚內收額前、拳心向下;左腿實、右腿虛,雙腿向下坐動:(圖364)

圖364

圖365

吸氣一

VII. 隨著雙腿繼續下坐同時,右拳繼續下移於小腹,然後右拳心翻轉向上、向上移動:(圖365)

VIII. 站直左腿,提平右大腿、腳尖朝下同時,右拳繼續上移動、拳心轉朝內,上舉至右臉側與眉平,左掌虎口沿右前臂外側同步互動、向下移護於右肘下方:(圖366)

圖366

Ⅸ. 上身原勢不變，隨左腿半坐、腰胯向下，右腿放下、向後方鬆放：（圖367）

圖367

圖368

呼氣──

Ⅹ. 上身原勢不變，隨腰胯上升、向右側（3點方位）轉動同時，右腿順腰勢旋踢、腰平向右側踢出：（圖368）

Ⅺ. 腰胯向右半轉、右腿下落於右側前方，腳尖朝右、放下腳掌，重心前移右腿、坐實同時，右拳背乘勢向右側方擊落：（面向3點鐘方向）（圖369）

圖369

吸氣─

XII. 腰身前移右腿、坐實，左腳尖收移右腳內側，右拳收於右腰際，腰身向左半轉、左手向左前方（1½）掤出：（圖370）

圖370

圖371

XIII. 接著，左腿向左側前方踏出一步、腳跟著地：（圖371）

呼氣─

XIV. 放下左前腳掌、重心前移、半坐，右腿轉虛、腳尖收於左腳內側同時，翻轉右拳向前出擊、經左掌下方槌出，左手護於右肘上：（圖372）

圖372

(38). 右、左掤手、攬雀尾，如封似閉：

右掤手：

吸氣—

Ⅰ. 左腿半坐、腰胯向
右（4½方向）轉動，同時
右拳放開隨腰身轉動、雙肘
微收，右掌心向內半抱與心
平，左掌護於右掌上、掌心
向下：（圖373）

圖373

Ⅱ. 左腿微升同時，右腿向前（4½）踏出半步、腳跟
著地，承前方向照（圖374－A），與4½正面照（圖374－
B）、以下同：

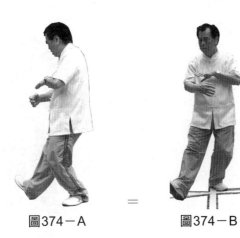

圖374－A　　＝　　圖374－B

呼氣──

Ⅲ. 左腿蹬直起勁同時，前腳掌落地、腳跟輕提，身體趨前同時，左手護於右腕上，順勢右掤手、擊出與腋平：（圖375）

圖375

右攬雀尾：

吸氣──

Ⅰ. 上身半坐左後腿，右前腿虛放不變，左手下放旋向左側、掌心向上，身隨腰胯右轉的同時，右手向右上方同肩高移動、掌心向下：（圖376）

圖376

Ⅱ. 左腿續下坐、腰跨續向右轉，右手下旋向右腿前側、掌心向上，左手同時上旋於左肩上方、掌心向下，雙掌相對依然：（圖377）

圖377

Ⅲ. 上身、雙手原勢隨腰胯左轉、手肘微收互動，雙掌合抱於左側：（圖378）

圖378

圖379

Ⅳ. 身手隨腰胯再右向轉正、坐實後腿，雙掌內收胸前，右掌半抱狀、掌心內向，左掌朝下、掌指貼護右掌上：（圖379）

呼氣—

Ⅴ. 左後腿勁根起、經腰脊貫串，左手貼於右腕順勢向前擠出與腋平：（圖380）

圖380

右如封似閉：

吸氣—

Ⅰ.右掌心前翻向上方，雙手肘向內收合，後坐左腿：（圖381）

圖381

圖382

Ⅱ.左腿半坐、雙掌收至胸前，右掌心翻向下方收入左腕下，然後，全身重心前移、下坐右前腿，左後腿轉虛：（圖382）

呼氣—

Ⅲ.左腳收至右腳跟後、腳尖著地，同時右腿起勁、左手掌心向下狀不變，順勢向前方推出：（圖383）

圖383

吸氣一

IV. 身體重心移左腿、坐實，右前腿轉虛、輕提腳跟同時，左手經左右胸前、回收左肩前，右肘下合，雙手掌心向前、同胸寬；（圖384）

圖384

呼氣一

V. 右腳向前進半步、腳跟著地；然後，左後腿起直、勁根起，同時右前腳掌落地、輕提腳跟，雙手順勢向前按出：（圖385）

圖385

VI. 重心前移、坐實右前腿，左腳轉虛、輕提腳跟，雙手放下：（圖386）

圖386

左轉身掤手：

吸氣──

Ⅰ.左後腿前收、平提大腿同時，腰身向左（1½方向）轉動與雙手上提胸前，左手半抱、掌心向內，右掌心向下、掌指貼護於左腕上：（3點鐘方位照，以下同）（圖387）

圖387

呼氣──

Ⅱ.微坐右腿，左腳前踏一步、腳跟著地；然後，右後腿起勁、貫腰脊，放下左腳尖、輕提腳跟，隨身勢趨前、右手護隨左手，向前順勢掤出與腋平：（圖388）

圖388

左攬雀尾：

吸氣—

Ⅰ. 微坐右後腿、左前腳尖虛放不變，身隨腰胯向左轉動同時，右手下旋於右腿側、掌心向上，左掌向左上方、肩高移動、掌心向下：（圖389）

圖389

圖390

Ⅱ. 右腿續下坐、腰胯續向左轉，左手向下旋向左腿側、掌心向上，同時右手旋向右上方與肩平、掌心向下：（圖390）

Ⅲ. 右手原勢隨腰胯右向轉回，左掌上移腹前，掌雙相對合抱於右側前：（圖391）

圖391

Ⅳ. 身手隨腰胯再向左轉正（1½方向）、坐實後腿，雙掌移近身前，左手半抱、掌心內向，右掌向前、掌指貼護於左腕上：（圖392）

圖392

圖393

呼氣──

Ⅴ. 右後腿勁根起、腰脊內勁貫串，左前腿輕提腳跟，右手貼於左腕順勢向前擠出與腋平：（圖393）

左如封似閉：

吸氣──

Ⅰ. 重心半坐右後腿，左掌心前翻向上方，雙手肘微收、隨身後移：（圖394）

圖394

Ⅱ. 身體前移落實重心、半坐左腿，右後腿轉虛、輕提腳跟；雙掌收至胸前同時，左掌心翻轉向下、收入右掌腕下方：（圖395）

圖395

圖396

呼氣—

Ⅲ. 左前腿起勁同時，右腳尖收至左腿跟後，隨身勢前移、右掌向前方推出：（圖396）

吸氣—

Ⅳ. 身體重心右移、下坐右腿，左腿轉虛、輕提腳跟，同時雙手互動回收，右手經左側收於右胸前，左手收於左腋前，雙手掌心向前同胸寬：（圖397）

圖397

呼氣─

Ⅴ.左腳向前進一步、
腳跟著地；然後，右後腿
起直、勁根起，左前腳掌放
下、輕提腳跟，雙手順身勢
向前按出：（圖398）

圖398

(39). 右上步採手：

吸氣─

Ⅰ.放下前腳跟、身體重心前移左腿、微坐，右後
腳跟輕提，左手原勢隨腰身前移、微轉向右側（3點鐘方
向），同時右手下放、左掌心轉向右方：（圖399）

圖399

Ⅱ. 左腿繼續下坐，右腳
尖收至放左腳側，右手下垂
於右腿前、掌心向左：（圖
400）

圖400

圖401

Ⅲ. 左腿站直，右手、右
腿同步提起，右手上提與胸
平，左手同時移至右手與右
大腿間：（圖401）

呼氣—

Ⅳ. 左腿半坐，右腿前
踏一步，腳跟著地，右手
同時向下採動；左腿微蹬
同時，右腳尖落地、腳跟提
起，下採右手順勢前推、繼
續採出：（圖402）

圖402

(40). 左單鞭式：

吸氣──

Ⅰ. 承前3點方向、右上步採手原勢；左後腿重心、半坐，放下右腳跟、提起腳尖，右手掌心轉朝上、前臂上提（圖403－A）；與同招勢12點方位照（圖403－B，以下同）：

＝

圖403－A　　　　　　　圖403－B

Ⅱ. 右臂、腰身向左轉正（12點方向），右手隨身轉動、劃一半圓，掌心向內、朝臉部，左手掌心向下、移護右肘下方；同時右腳尖內勾、放下腳掌；重心在兩腿間：（圖404）

圖404

Ⅲ. 右手五指尖抓合成梅花爪，朝臉部、向下勾落至胸前，左掌翻轉向上沿右前臂上移、覆於右掌背，雙手前臂橫置胸前與肩平：（圖405）

圖405

圖406

Ⅳ. 重心轉落左腿，雙腳掌不動、微坐下盤，上身原勢隨腰胯右轉向3點方位：（圖406）

Ⅴ. 半坐左腿同時，雙手肘向下合收、沉肩垂肘，左指尖附於右抓勾手腕背上：（圖407）

圖407

呼氣──

VI. 左後腿起勁，雙手原勢不變向前擊出：（圖408）

圖408

圖409

VII. 重心前移右腿、再起勁，與輕提左腿跟、腳尖收至右腳內側，同時兩手原勢再次擊出：（圖409）

吸氣──

VIII. 右手抓勾不變，腰胯左向轉正同時，左手循右臂內側移至胸前、掌心向下：（圖410）

圖410

IX. 右腿半坐、腰身繼向左（9點方向）轉動，左手掌指朝外、向左側前方（9）下採，左肘向左肋內收、左掌切落與腰平：（圖411）

圖411

呼氣—

X. 左腳前踏半步、腳跟著地，右後腿起勁、蹬直同時，左前腳掌落地、腳跟輕提，腰脊上貫、左手順勢向前方按出，掌與肩平、手肘微垂：（圖412）

圖412

(41). 第一趟雲手（循環兩次）：

吸氣──

Ⅰ. 右腿重心落實、站直，左腿腳尖收至右腳內側，腰身轉正（12點方向）同時，左手收插右腰前、掌心向上，右掌爪手放開平移右肩前、掌心向下，雙掌上下合抱於右側：（圖413）

圖413

呼氣──

Ⅱ. 腰胯下坐右腿同時，右手沿右側下按至右大腿外側，左手向右胸前上托，雙手掌對扳：（圖414）

圖414

吸氣—

Ⅲ.雙手掌心翻轉、對抱,臉轉左側平視,左腿向左側前方(9)踏出一步、腳尖著地:(圖415)

圖415

圖416

Ⅳ.隨右腿站起、腰胯向左(9點方向)轉動,與左手向左側上方移動,右手內收移左腰前:(圖416)

Ⅴ.腰胯續向左轉與下坐右腿同時,上方左手沿左側、向下劃一半圓,右掌依樣劃一小半圓;隨腰胯右向迴旋轉正,左手掌心向上、移至左胸前,右手掌心轉向下、護於左肘下方:(圖417)

圖417

呼氣─

Ⅵ. 右後腿蹬起、腰脊直覺貫雙臂，左手向前上方順勢送出，右掌隨護左肘下：（圖418）

圖418

吸氣─

Ⅶ. 腰身後移、半坐右腿，同時放下左腳跟、翹起腳尖與左手原勢，隨身向右轉正（12點方向），放下左腳尖，左臂向左前方平伸、掌心向右，右手向右後方劃動：（圖419）

圖419

Ⅷ. 腰身左移、微坐左腿同時，左手掌心轉向下、平收左肩前，右腿腳尖左靠收移，右手下合、掌心向上，下插於左腰前側，雙掌左側對抱：（圖420）

圖420

呼氣—

IX. 腰身隨左腿下坐，同時左手下按向左腿外側，右手上托向左胸前，雙手對扳：（圖421）

圖421

圖422

吸氣—

X. 雙手掌心翻轉、相對合抱，隨腰胯向右側上方旋動、腰身轉向右方（3點方向），右手向右前方上揚、移動，左手同步抱移右腰前：（圖422）

XI. 腰身下坐左後腿，腰胯續向右下轉動同時，右手右向劃一半圓，左手依樣劃一小半圓、互動；隨腰身右下、左向轉正，右手掌心轉向上、收於右腹前，左手掌心轉向下、護於右肘旁：（圖423）

圖423

呼氣──

XII. 左後腿蹬直、腰脊直覺貫串雙臂，右掌向前上方順勢送出，左手隨護右肘下：（圖424）

圖424

圖425

吸氣──

XIII. 左後腿微坐，右腳尖與雙手隨腰胯趨向右方（12）轉動：（圖425）

XIV. 腰身轉正（面向12點），放下右腳跟、重心右移微坐，輕提左腿腳跟、轉虛，右手掌心翻轉向下、微收於右肩前，左手掌心轉向上、收左腰際，然後右腿、腰身起直，左掌向右側、插移右腹前，雙掌成合抱：（圖426）

圖426

XV. 重複上方II. III. IV V. VI. VII. VIII. IX. X. XI. XII. XIII. XIV. 動作：

呼氣— 吸氣—

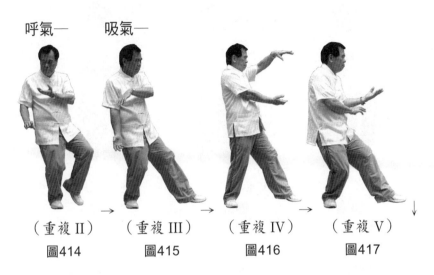

（重複II） （重複III） （重複IV） （重複V）

圖414 圖415 圖416 圖417

呼氣— 吸氣—

（重複VI） （重複VII） （重複VIII）

圖418 圖419 圖420

呼氣─　　　　　　吸氣─　　　　　　：

（重複 IX）　　　（重複 X）　　　（重複 XI）

圖421　　　　　　圖422　　　　　　圖423

呼氣─　　　　　　吸氣─　　　　　　吸氣─

（重複 XII）　　　（重複 XIII）　　　（重複 XIV）

圖424　　　　　　圖425　　　　　　圖426

XVI. 再接 重複II. III. IV. V. VI. 動作：

呼氣— 吸氣— :

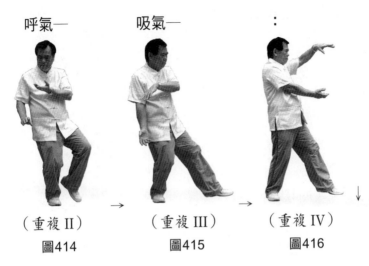

（重複 II） （重複 III） （重複 IV）

圖414 圖415 圖416

: 呼氣—

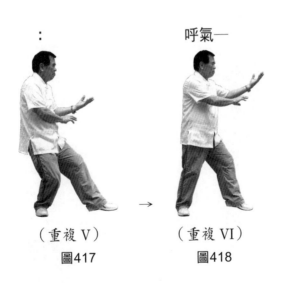

（重複 V） （重複 VI）

圖417 圖418

（以上依序循環兩次；第一趟雲手。）

(42). 左單鞭式：

吸氣—

Ⅰ.腰身後移右腿、半坐，左腳跟落地、腳尖翹起隨身向右轉正（12點方向），放下左腳尖，左手微收移護頭部，右手下放於右腿側：（圖427）

圖427

圖428

呼氣—

Ⅱ.腰身移左腿，右腳尖收於左腳內側，同時右手上移左胸前、五指抓合指尖向上：（圖428）

吸氣—

Ⅲ.右手五指尖朝內翻轉向下方、前臂上移，左手下收、掌指護於右腕上方，雙手前臂平置胸：（圖429）

圖429

Ⅳ. 上身原勢微坐左腿同時，隨腰胯右轉向3點鐘方位，與繼續下坐左後腿，兩手肘下垂內合、沉肩：（圖430）

圖430

呼氣—

Ⅴ. 右腿腳尖前踏半步；然後，左後腿蹬直勁起，身勢向前移同時，右勾手原勢向前平伸擊出，左手隨護右腕上：（圖431）

圖431

吸氣—

Ⅵ. 放下右腳跟、翹起右腳尖，身勢後移、右腳掌向左勾落，腰胯向左後腿半坐；雙手原勢微收：（圖432）

圖432

呼氣──

VII. 重心前移右腿、再起勁，左腿跟起、同時腳尖收至右腳內側，兩手原勢再擊出：（圖433）

圖433

圖434

吸氣──

VIII. 右手抓勾不變，腰胯左向轉動同時，左手沿右臂內側移至胸前，掌心向下：（圖434）

IX. 腰胯繼續向左（9點方向）轉動，左手掌指朝外、續向左側動；然後腰身下坐右腿，左手朝左前方、腰平採落：（圖435）

圖435

呼氣—

Ⅹ. 左腳前踏半步、腳尖著地，右後腿起勁蹬直同時，左手隨腰身前移、向前順勢按出：（圖436）

圖436

(43). 進步右高探馬，右推手，左採手，下勢，右分腳：

進步右高探馬：

吸氣—

Ⅰ. 半坐右後腿，放下前腳跟、翹起腳尖，隨腰身左轉45度，同時左手掌心翻向上：（圖437）

圖437

Ⅱ.左前腳尖落地，腰身前移、坐實左腿，收右腿、再前踏進一步，同時放開右手抓合、隨身前移，右掌收合胸前、左肘彎上方，掌心向下：（圖438）

圖438

呼氣—

Ⅲ.然後左後腿蹬直、起勁，右前腿輕提腳跟，右手沿左臂上方向、順勢向前削出；左掌護於左胸前：（圖439）

圖439

右推手：

吸氣—

Ⅰ.半坐左腿、腰胯趨向左側（10½）轉動，右腳尖向右側移半步同時，右手上揚、前臂下壓胸前，左掌下放左後側、再向上平升：（圖440）

圖440

Ⅱ. 上身隨腰胯右轉前移，同時左手上揚、收至左耳邊，右手下放、向右腿外側撝動：（圖441）

圖441

圖442

呼氣—

Ⅲ. 腰身趨前移動、右腿起直，左後腳跟起、腳尖收落右腳跟側同時，左手向右前方（10½方向）推出，右手收於右腿側：（圖442）

左採手、下勢：
吸氣—

Ⅰ. 提起左腿，隨腰胯向左（7½方向）轉動，與左大腿提平、腳尖朝下，同時左手向左前方採落至左膝前上方，右手自後方上揚護於頭頂右側：（圖443）

圖443

呼氣──

Ⅱ.雙手原勢隨腰身下蹲
右腿,左腿向前踏一大步、
直伸及腳跟著地同時,左手
繼續左前下採與左腿並伸
狀:(圖444)

圖444

圖445

Ⅲ.左手向左腳尖後側
摟出,右手向右後方下放,
掌心向下置右膝外側:(圖
445)

右分腳:
吸氣──

Ⅰ.左前腳尖朝左半轉、
放下腳尖,微升腰胯、重心
前移左腿,右後腿漸漸伸
直,左手隨勢向前上平移與
眉平:(圖446)

圖446

Ⅱ. 腰胯坐實左前腿，隨身體前移、伸直右後腿，右手上揚與左手交叉於額前、兩手掌心向前：（圖447）

圖447

圖448

Ⅲ. 腰身落實左腿，右後腿腳尖隨身趨前、收著左腳跟側，兩眼向右側平視，然後腰身微坐、氣存丹田：（圖448）

呼氣—

Ⅳ. 左腿站直、抬起右腿，然後微坐左腿，右腿微收、腳掌朝右，與左腿勁根起，右腿向右前方（10½方向）蹬出與腰平，雙手掌左右分開同肩高：（圖449）

圖449

Ⅴ. 上身原勢不變，右
腿縮回、平提大腿、腳尖朝
下：（圖450）

圖450

(44). 退步左高探馬，左推手，右採手，下勢，
左分腳：

退步左高探馬：
吸氣─

Ⅰ. 左腿微坐，右腿下
放、後退一步重心後移，左
前腿轉虛，右手隨腰身後移
微收、掌心向上，左臂移收
胸前、掌心向下，置於右肘
上方：（圖451）

圖451

呼氣—

II. 右後腿蹬直、起勁，左前腳尖微收同時，腰脊直覺貫雙臂，左掌沿右前臂上方向前平削出擊，右臂隨腰腹內收：（圖452）

圖452

左推手：

吸氣—

I. 腰胯右向轉動、臉朝右後看同時，右手下放、自右後側上揚、掌心與目視相對，左前被手上揚、收至左臉側、掌心向後：（圖453）

圖453

II. 上身隨腰胯下坐、左腳尖左向（7½方向）橫移半步，腰身向左回轉同時，左手經胸前向左側下推，右手上揚收至右耳側：（圖454）

圖454

呼氣──

Ⅲ. 腰身前移左前腿，後
腳尖收至左腳內側，隨腰胯
左旋、直覺貫串脊臂，右掌
向左前方（7½方向）推出：
（圖455）

圖455

右採手、下勢：

吸氣──

Ⅰ. 左腿起直、腰身向右（10½方向）轉動，同時右
大腿提平、腳尖朝下，右手隨身轉向右側，左手自後方
上揚護於頭頂左側，如圖456－A承前式、方向照；與同
勢、拍自9點方位照（圖456－B）：

圖456－A　　＝　　圖456－B

呼氣一

Ⅱ.右手向右前方採落至右膝前，右腿前踏一大步、腳跟著地直伸同時，腰身下蹲左腿，右手隨身下採與右腿並伸（圖457－A），同前勢A方向照；（圖457－B）同前勢B，拍自9點方向照、以下同：

圖457－A　　　=　　　圖457－B

Ⅲ.左手自上向右後方下垂，掌心向下置左膝外側，右手向右腳尖外側撥出：（圖458）

圖458

左分腳：

吸氣—

Ⅰ. 右前腳尖向右側半轉，撥出右手回收右腿內側；腰身微升前移於右腿，左後腿向後直伸狀，右掌向前上方移動、平眉，左手隨移胯前：（圖459）

圖459

圖460

Ⅱ. 腰胯前移右腿、落實重心，後腿跟提起、隨身體上升；與 左手上揚、交叉右手，雙手掌心向前：（圖460）

Ⅲ. 身隨右腿起直，左後腳尖收於右腳內側，腰身微轉左側（7½方向）、兩眼向左前平視；微坐腰身、氣存丹田：（圖461）

圖461

呼氣─

Ⅳ. 右腿站直、抬起左腿，然後微坐右腿，左腿微收、腳掌朝左，與右腿勁根起，左腿向左前方（7½方向）蹬出與腰平，雙手掌右左分開同肩高：（圖462）

圖462

Ⅴ. 上身原勢、縮回左腿，面向9點鐘、右腿微微下坐（圖463－A）同前勢方位照；（圖463－B）拍自6點方位照，以下同：

圖463－A

＝

圖463－B

(45). 左轉身蹬腿：

吸氣──

Ⅰ. 承前（B）、面向9點鐘身勢，輕放上提左腿、沉腰；然後，右腿伸起、提起腳跟，隨腰腿上彈之勢，以右腳尖為軸，左腿、腰胯旋向左後方（3點鐘方位），雙手平衡互動、面向3點方位（六點鐘方位照，以下同）；雙掌心向前、交叉於臉部右側，同時微坐右腿：（圖464）

圖464

圖465

呼氣──

Ⅱ. 微坐右腿，左腿微收、腳掌朝左，與右腿勁根起，左腿向左前方（3點方向）蹬出與心高，雙掌左前、右後分開同肩平：（圖465）

Ⅲ. 上身原勢、縮回左腿，左大腿平提、腳尖朝下：（圖466）

圖466

(46). 左摟膝拗步：

吸氣—

Ⅰ. 右腿微微下坐、腰身向右微轉，左掌由上下、向右胸前劃落、掌心向下，右後掌心向上、微收右耳側：（圖467）

圖467

Ⅱ. 左腿向左側（1½）前方踏進一步，雙腿微坐、腰胯向左下轉動、重心趨轉左腿同時，左手向左膝前下摟：（圖468）

圖468

呼氣─

Ⅲ. 左手摟過左膝，與坐實左前腿、起勁，右腿腳尖收至左腳側、著地，隨腰身前移同時，右掌沉肩順勢向前（3點鐘正方）推出：（圖469）

圖469

(47). 進步右、左摟膝指當錘：

進步右摟膝指當錘：

吸氣─

Ⅰ. 上身原勢（面向3點鐘方向）隨右腿後退一步、坐實，同時左腳尖翹起：（圖470）

Ⅱ. 左腳尖向左半轉、腳掌落地，重心前移左腿、坐實；然後，右腿向右前方踏出一步，身體前移右腿、腰向右轉正，同時右手經身前向下摟向右膝，左手握拳貼於腰際：（圖471）

圖470

圖471

呼氣—

Ⅲ. 重心坐實右前腿、左腳尖收進右腳內側，雙腿下彎、隨身勢向下，左拳順勢向前下方錘出、拳心向右與小腹平：（圖472）

圖472

進步左摟膝指當錘：

吸氣──

Ⅰ. 雙腿腳尖支地、腰身旋向左側；然後，重心下坐右腿，左拳放開、掌心向內：（圖473）

圖473

圖474

Ⅱ. 右腿起直同時，左腿提起、腳尖朝下，左手向左側平伸、肩平：（圖474）

Ⅲ. 左大腿提平，腰身右向轉動，左手上揚至右臉側，右手握拳貼腰際、拳心向上：（圖475）

圖475

Ⅳ.右腿微坐，左腿向左
前方踏進一步、腳尖著地：
（圖476）

圖476

圖477

Ⅴ.身勢前移左腿同時，
右腿繼續下坐、身向左轉，
左手下摟、趨向左膝前方：
（圖477）

呼氣——

Ⅵ.身體重心落實左前
腿，左手摟過左膝同時，
右腳尖收落左腳側，與雙腿
續向下彎，右拳向前下方錘
出、拳心向左與小腹平：
（圖478）

圖478

(48). 轉身下勢，右扳手：

吸氣──

Ⅰ. 身隨右腿後退一步、後移坐實，右拳放開，左前腿轉虛、翹起腳尖，與左手向前平：（圖479）

（拍自6點鐘方位，以下同）

圖479

圖480

Ⅱ. 左前腳尖隨腰身向右後方（7½方向）轉動，左腳尖內勾、放下腳掌，右手向右前側平伸，左手隨轉左胸前：（圖480）

呼氣──

Ⅲ. 重心後移左腿，右腳跟提起、轉正腳掌，左前臂下移、橫收胸前，右手下放小腹前、掌心翻轉向上：（圖481）

圖481

吸氣—

Ⅳ.左手原勢，隨身勢、左腿下蹲，右腿前伸（7½）、腳跟著地，右手向前伸出於右膝上：（圖482）

圖482

呼氣—

Ⅴ.右腳尖轉向前方，腰身隨左後腿起直、上升，放下右腳尖、輕提腳跟；腰胯與左膝下坐起勁，右手向胸前上扳，左手自右手內側向腹前下按、雙掌對扳：（圖483）

圖483

(49). 上步左扳手：

吸氣—

Ⅰ.身體前移右腿、微坐，左腳尖收落於右腳側，同時雙掌對翻、掌心相向：（圖484）

圖484

211

呼氣──

Ⅱ.左腿腳尖向左前方踏
進半步，微坐右腿同時，左
手向胸前上扳、右手相對下
按，雙掌再對扳：（圖485）

圖485

(50). 右肘底錘：

吸氣──

Ⅰ.左前腳跟放下、翹起腳尖，隨腰胯向後微坐，左
掌翻轉向下、橫按胸前，右掌翻轉向上、收腰際：（圖
486）

圖486

呼氣—

　Ⅱ.放下左前腳掌，腰身前移、半坐左腿，右後腳尖隨收左腳側同時，右手經左掌背上方、向前順勢插出，左掌護於右肘下：（圖487）

圖487

圖488

吸氣—

　Ⅲ.左腿不動，右大腿提平、腳尖朝下，隨腰胯向右（6點鐘方向）半轉同時，右手掌心轉向下、隨身向右後方平移劃一半圓中；左掌心隨手臂下揮轉動、經左側向上劃移：（圖488）

　Ⅳ.右手續向右後方劃出、然後握拳收貼於腰際，左手續劃半圓向前互動，左前臂收至胸前、掌心向內；與半坐左腿：（圖489）

圖489

呼氣─

Ⅴ.右腿前踏一步、腳
尖著地，左後腿起勁、腰脊
直覺貫雙臂，右拳經左掌下
方、向前錘出，拳心向左；
左手護於右肘上側：（圖
490）

圖490

圖491

(51). 右蹬腿：

吸氣─

Ⅰ.腰身微坐左腿，右腳
尖收於左腳內側同時，右拳
放開上揚、收向左臉側，左
掌移護右肘下：（圖491）

呼氣─

Ⅱ.左掌沿右前臂上移、
雙掌交叉，下坐左腿、抬起
右腿；然後，左腿蹬起、勁
根上貫，右腳向前（7½方
向）蹬出、雙手前後分開與
肩平：（圖492）

圖492

Ⅲ.上身原勢不變，右
腳收回、提平大腿、腳尖朝
下：（圖493）

圖493

(52).回身右探馬：

吸氣—

Ⅰ.腰身下坐左腿，右腿向右側後方退一步（10½方
向），腳尖著地，雙手肩平原勢、前小臂向胸前平移彎
合，掌心向下、指尖相對：（圖494）

圖494

呼氣──

Ⅱ．腰胯向右後腿轉動、右後腳跟落地，身勢微移右後腿，左腳尖微收右腿內側、穩定重心，右手向右後方肩平削出，左掌隨護於右上臂側；臉向右後側看：（圖495）

圖495

(53). 下勢左打虎：

吸氣──

Ⅰ.上身、雙手原勢，隨腰胯下蹲右腿，臉向左後方看同時，左腿向左側方踏出一大步伸直、腳掌著地：（圖496）

圖496

Ⅱ．右腿蹲實，腰身左移、左手從身前向左前方摟出，經左腿上方摟向左腿外側：（圖497）

圖497

呼氣—

Ⅲ. 左腳尖向左前方轉直，右腿站起、上身趨前移動，身體起直、半坐左腿，右後腿腳尖收至左腳內側，同時雙手握拳從兩側向身前，左拳眼平、右拳腹高，兩手拳心向下：（圖498）

圖498

(54). 轉身右打虎：

吸氣—

Ⅰ. 下坐左腿，右拳下落小腹前、翻轉拳心；然後，左腿起直，右大腿向上提平、腳尖朝下同時，右拳沿胸前上擊，放開左拳、虎口沿右前臂外側向下、移護右肘下側：（圖499）

圖499

Ⅱ. 身肢原勢不變，左腿
向下半坐：（圖500）

圖500

呼氣──

　　Ⅲ. 左腿起直、身勢上
彈，以左腳尖為軸，腰勁
向右後方（12點鐘方向）扭
動；雙手、身勢轉向12點正
方，腰身再下坐左腿：（圖
501）

圖501

吸氣──

Ⅳ. 上身前俯，左掌握拳微升、拳背轉下；雙手拳背
分向右大腿兩側下擊，（圖502－A）照沿前，拍自6點鐘
方位；（圖502－B）照拍自12點鐘方位、以下同：

圖502－Ａ　　　　＝　　　　圖502－Ｂ

呼氣—

Ⅴ. 腰身隨右腿前踏一步、前移坐實，左腳跟輕提、腳尖收於右腳側同時，雙手拳心翻轉向下、上揚，右拳眉高、左拳平腹，雙拳從兩側向身前橫擊：（圖503）

圖503

(55). 捋手右蹬腿:

吸氣──

Ⅰ. 左腿後退一步、腳尖著地，放開雙拳：（圖504）

圖504

圖505

Ⅱ. 身體後移、坐實左後腿，提右腳跟、腳尖收落左腳前側同時，右手下捋至胸前、掌心向左，左手向後捋引、掌心向下：（圖505）

呼氣──

Ⅲ. 右腿腳尖前踏半步，然後左腿蹬直起勁，雙手順勢向前送出，右手掌心向上與眉平、左掌隨護右肘側：（圖506）

圖506

吸氣——

Ⅳ. 左腿微坐，右腳尖收至左腿內側、著地，右手向左平移至左臉側、掌心向內，左手上移護於右肘下、掌心向下：（圖507）

圖507

呼氣——

Ⅴ. 左腿繼續下坐，雙手臂上提成交叉，提平右大腿；然後，左腿起直、勁根上貫，右腳向前蹬出，右手向前、左向後分開：（圖508）

圖508

(56). 右、左雙風貫耳：

右雙風貫耳：

吸氣──

Ⅰ. 放下右腿、腳尖著地，右手同時下落、經左胸前上移、掌心向內，與左手前臂內收，雙手交叉於左臉外側：（圖509）

圖509

圖510

Ⅱ. 腰身向右轉正、半坐左腿，與右大腿提平同時，雙手分移臉部兩側、握拳上提，拳心向後、雙肘內合：（圖510）

呼氣──

Ⅲ. 上身前俯，雙手拳背分向右大腿兩側下擊：（圖511）

圖511

Ⅳ. 右腿下放前進一步、腳尖著地，左後腿、腰脊直覺貫雙臂，雙拳心翻轉向下，從兩側上提、劃半圓狀，同步向前上方、耳高橫擊、「雙風貫耳」：（圖512）

圖512

圖513

左雙風貫耳：

吸氣—

Ⅰ. 身體重心前移右腿、微坐，提起後腳跟，左拳鬆開下放於左腹前：（圖513）

Ⅱ. 右腿起直，提平左大腿、腳尖朝下，同時左手握拳上舉、雙手肘內合，拳心向上、分置雙耳前側：（圖514）

圖514

呼氣—

Ⅲ. 上身趨向前俯，雙手拳背分向左大腿兩側、同時下擊：（圖515）

圖515

圖516

Ⅳ. 左前腿腳尖，向右腳跟後方下放、虛置，右腿、腰際內勁經脊臂直覺貫串，腰側雙拳翻轉拳心，從兩側向上劃半圓狀，同步向前方耳高橫擊出、「雙風貫耳」。（圖516）

(57). 捋手轉身左蹬腿：

捋手：

吸氣—

Ⅰ. 雙拳放開，右掌心向左、左掌心向右，隨腰身後坐、移動同時，雙掌向下捋手，與右腳跟輕提、虛放；右掌心擺轉向上、至胸前，左掌向下、護於右腕下側：（圖517）

圖517

呼氣—

Ⅱ. 左後腿蹬直、起勁，腰脊直覺上貫雙臂，雙掌順勢向前送出，右掌眉平、左掌隨護：（圖518）

圖518

左轉身：

吸氣—

Ⅲ. 半坐左後腿，翹起右腳尖隨腰身向左（9點方位）半轉，右手微收、左手隨護：（圖519）

圖519

圖520

呼氣—

Ⅳ. 右腳尖落放，重心移右腿，腰腿站直、左腳尖收至右腳內側；右掌心向內、平放左肩前，左手掌心向下隨護右肘外側：（圖520）

左蹬腿：

吸氣—

Ⅴ. 左大腿提平、腳尖朝下，腰身下坐右腿同時，雙手前臂微鬆、雙掌交叉：（圖521）

圖521

呼氣──

Ⅵ. 右腿起勁、腰腿勁道上傳，左腿乘勢向左前方蹬出與心平，同時雙手掌左前、右後分開與肩平：（圖522）

圖522

(58). 右轉身伏虎勢：

右後方轉身：

吸氣──

Ⅰ. 收回左腿，腰身鬆放下坐右腿；然後，放下左腿後伸，身勢前傾（9）、上下平衡：（圖523）

圖523

Ⅱ.右腿尖為軸心、左後
腿離心,以腰胯扭勁、帶動
左後腿,經前、右、後方旋
轉180度（3點鐘方向）,左
腳尖落地,雙手前臂收合、
隨身勢傾右側,右腿腳掌落
實、微坐:（圖524）

圖524

伏虎勢:

呼氣─

Ⅲ.左腿向左側跨半步,身體重心移左腿同時,雙掌
轉向左側,隨身勢左移、向左側擺、按:左肘上提反掌擺
出、肩高,右掌平腹按出。（圖525）

圖525

(59). 進步陰陽腿：

右後方轉身、左進步陰陽腿：
吸氣──

Ⅰ. 翹起右後腳尖、隨腰胯向右後（9點鐘方向）轉身，左肘微收、掌心隨身轉動、撥劃至胸前，右掌隨移、護左肘下；然後放下右前腳尖：（圖526）

圖526

圖527

呼氣 再 吸氣──

Ⅱ. 重心前移右腿、半坐然後微伸，左腳尖收落右腳跟後，雙手向前微移：（圖527）

吸氣──

Ⅲ. 右腿勁根，經腰脊直覺貫串全身，左後腿、腳掌橫向、向前踢出，與微提左掌：（圖528）

圖528

呼氣──

Ⅳ. 下坐右腿、腰身向前移動，左腳掌橫向踩落一步：（圖529）

圖529

圖530

吸氣──

Ⅴ. 腰身繼續前移左腿、落實重心微坐，右後腿轉虛：（圖530）

右進步陰陽腿：

吸氣──

Ⅵ. 左腿起直同時，右手向前上推出，右腳橫掌向前瞪踢出，左手下移微收互動：（圖531）

圖531

呼氣—

Ⅶ. 上身原勢不變，下坐左腿，與右腳橫掌順勢踩落、腳跟著地：（圖532）

圖532

(60). 右、左掤連錘，如封似閉：

右掤連錘：

吸氣—

Ⅰ. 腰身向右（10½方向）半轉，腰胯、雙腿微坐，放下右手、掌心向內：（圖533）

圖533

Ⅱ. 右腿前移半步，右手向前方掤出與肩平；然後，腰身前移右腿、微坐，左手握拳、拳心向上收貼腰際，（圖534－A）同前方位照；與拍自9點鐘方位（圖534－B）照：

圖534－A　　＝　　圖534－B

呼氣─

Ⅲ. 右腿站直、覺性上貫腰脊，收左腳尖於右腳跟後，腰胯向右前移動同時，左拳旋動經右掌下方擊出，拳心向下；右掌護左肘上方。（圖535－A）照同前A方向照；（圖535－B）照同前B、拍自9點鐘方位、以下同）：

圖535－A　　　　圖535－B

如封似閉：

吸氣—

Ⅰ.重心移左腿、下坐腰胯，右腿前移半步、腳跟著地，同時放開左拳、沿右臂下方經右側移收，右掌向前方平移、收手肘；雙掌互動收於腋前，手心向前同胸寬：（圖536）

圖536

呼氣──

Ⅱ.左後腿起直同時，右前腳掌落地、輕提腳跟，腰脊內勁上 貫，雙手順勢向前按出：（圖537）

圖537

圖538

Ⅲ.重心前移右腿、微坐，收左腿腳尖與放下雙手：（圖538）

左掤連錘：

吸氣──

Ⅰ.腰胯繼續下坐右腿，身向左轉，左腿向左側前方（7½）踏出一步、腳跟著地；右手握拳、拳心向上貼收於腰際，左手向左側前方掤出同肩高；（圖539）

圖539

呼氣—

Ⅱ.放下左腿腳掌、重心前移，微坐左腿，然後站直起勁、收右後腳尖，同時右拳心旋轉向下、經左掌下方擊出，左掌護於右肘上方：（圖540）

圖540

如封似閉：

吸氣—

Ⅰ.重心移坐右腿，輕提左腳跟、虛放，同時左掌向前方平移，放開右拳、沿左臂下方移收，雙手互動、手肘收合，雙掌心向前、收於腋前同胸寬：（圖541）

圖541

呼氣─

Ⅱ. 左腳尖前進半步，然後，右後腿起直、勁根起同時，腰脊直覺上貫，雙手順勢向前按出：（圖542）

圖542

(61). 十字手

吸氣─

Ⅰ. 承前、按出雙掌之後；腰身後坐、半坐右後腿，翹起左腳尖，隨腰身向右（12點鐘）轉動（以下12點鐘方位照）：（圖543）

圖543

呼氣—

Ⅱ. 腰身轉向12點鐘、放下左腳尖，重心移左腿、半坐同時，右手下放於右腿側：（圖544）

圖544

吸氣—

Ⅲ. 左腿站直，右腿收向左腿靠攏同時，右手上提、經左手內側移升，掌背與左手腕交叉成十字手：（圖545）

圖545

Ⅳ. 右掌心翻向下方、右移，與右腿同步向右橫跨一步，雙掌心向下、雙腿同肩寬：（圖546）

圖546

呼氣──

Ⅴ. 上身中正不變，沉肩垂肘，兩腿鬆腰鬆胯、向下半坐：（圖547）

圖547

圖548

(62). 抱虎歸山：

吸氣──

Ⅰ. 兩腿站直，同時雙手上舉、掌心向前：（圖548）

Ⅱ. 身體不動、兩手上伸一下，掌心轉相對、分向左右落平、擴胸，然後兩手臂再擴向後方：（圖549）

圖549

呼氣—

Ⅲ. 兩掌心翻轉向下，雙腿趨下、坐動：（圖550）

圖550

圖551

Ⅳ. 腰胯、兩膝繼續下蹲，雙手隨腰身下抱至兩膝外側：（圖551）

Ⅴ. 兩手抱合於正前方，掌心向上、左手托右手，雙臂前身、兩眼下視雙手心：（圖552）

圖552

吸氣—

Ⅵ. 前伸雙手、先起，掌心上升於雙目平：（圖553）

圖553

239

Ⅶ. 然後兩腿起立，雙手
抱合狀不變，隨身向上移胸
前與肩平：（圖554）

圖554

圖555

Ⅷ. 身體原勢不變，雙掌
向下翻轉，左手掌心按於右
手背；然後，兩手同時左右
分開與肩同寬高：（圖555）

呼氣──

Ⅸ. 上身中正原勢，沉
肩垂肘、含胸拔背，與鬆腰
鬆胯向下、兩腿半坐：（圖
556）

圖556

X. 抱虎歸山（Ⅰ.至Ⅸ.）再循環做一次；下接第三段、或：

XI. 合太極、收勢：

圖557　　　→　　　圖558　　　→　　　圖559　　　↓

圖560　　　→　　　圖561

..........二段拳法 解說 終了..........

內蒙古名書法家 樊中三大師 提了字：

雲鶴千年壽
蒼松萬古春

　　字軸詞句、筆法均佳，照片中我（作者）拿著軸紙，好像得意的、很高興的笑，坐在旁邊的 王延年老師，也開心、自在的微笑。

7. 拳架練習

　　人體健康，立基於生命的本能；生命力展現在人體200種左右不同功能細胞，與其組成的各功能組織、器官活動；所以，人體健康、長壽是身體細胞全面性的事。

　　生命力強健的嬰兒時期，成長過程的各種意識蘊積阻滯，使身心功能不平衡、或衰退，如各種意識流動的相互干擾，使功能組織的氣脈凝滯，功能衰退、組織趨向僵硬化，血氣活絡受阻、細胞退化等傾向發展；細胞生存本能受到阻限、生命力不能發揮，人體就趨向老化發展、或有病變產生。

　　太極拳術運動方法，由自律功能的內臟意識自覺主導全身的陰陽互換運動，直接在自主功能恒定機制層面，啟動全身大運動量，內外組織的緊縮運動與鬆放耗氧；陰陽交互運動中意識趨向澄淨發展，與組織鬆放、微循環活絡進展，使身心全面性趨向生命本然恢復——向健康發展。

　　經前面兩節熟習拳法，在拳架運動、修練過程，悉依本節解說要領，使全身組織血氣活絡提升與擴展，逐漸的解除阻礙生命力的因素，離意向覺的解除意識緊縮習慣，活絡全身組織的進程；這全身微循環的血氣活絡、細胞新陳代謝活潑，是人體復健、老化消除，趨向強健發展的拳架內修全程。

7-1 內外同步運動

在武術上內外功夫的涵義，身體、四肢可隨意使控的骨骼肌勁道，與其對外活動技巧的精練是外功；內臟自律活動器官的平滑肌群、心肌，經內臟運動養成產生力勁的展現是內功；這兩樣並進運動與健康是本小節的主題。

拳術內外雙修運動，關係人體的隱在意識、與顯現意識內涵，與全身細胞覺性活動，在腹式呼吸、基本運動、拳勢等入門各章節都有解說；這身心外在使控的身肢放鬆、自覺，向內臟意識自覺主導全身運動，已貫穿了古著各家拳經的許多修為描述；以身心全面意識自覺的拳架運動，直接對意識化解、經內臟健康，與內臟肌群勁道產生過程，漸進達到全身內外組織同步運動效益；是古來解說內功養成運動所沒有的，這銓釋方法也是本書的特色要項。

人體的身心意識統合於神經系統，在身體週邊來講，內臟器官代表的對內自主神經分支，與身體、四肢活動的對外體神經分支，是人體意識中隱性內在自主功能意識，與顯性的外在使控意識表現。

人體週邊對外活動的意識現象，如語言思想、打字寫作、藝術表現的溝通能力，或運動競技的身體、四肢活動，是趨向仰賴使控肌肉的收縮，將人類的心智表達出來；是人體自能使控的骨骼肌，多數附著在骨頭上的肌肉，負責身體支撐及移動骨架的功能肌群，其收縮活動，

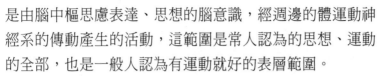

是由腦中樞思慮表達、思想的腦意識，經週邊的體運動神經系的傳動產生的活動，這範圍是常人認為的思想、運動的全部，也是一般人認為有運動就好的表層範圍。

人體週邊對內的功能活動肌群，心肌之外、就是各種內在組織的平滑肌，如內臟器官主要結構肌群，平滑肌的收縮是由腦中樞不能感知、不能使控的腦組織內層，經週邊自主神經系統，與一些內分泌激素所制約；是自律性的、不是自我意志所能支配、或指揮的隱在意識。

西洋生理學上已證實這內在器官的平滑肌群等，產生張力的長度範圍要比對外的骨骼肌來得大，也是古來中華武術的內功勁道修習之所在；因為是人們不能自由使控的內在領域，產生了許多武術家爭相尋秘進入內臟運動的門徑，或武學秘笈之爭等歷史故事；更是身心健康、長壽要優先運動的內臟組織，與全身細胞功能深層；這人體內在器官、功能組織活動大領域，是生命自主本能的自律功能活動範圍。

在身心、意識的整體活動中，隱在的內臟各自律功能意識活動，或對外的感官與使控的身肢等意識淺層，也不是很清楚的能劃分；須以細胞的覺性，以身心、意識自覺直接進入內在自主功能領域，經不能自由使控的內臟組織自覺，主導拳架運動、拳架修練進程，能漸進到達拳術的意到、氣到、勁到境界；是太極拳術的內外勁道合一修為過程，也是人體身心全面健康的同步歷程。

人的身心、內外意識一體，經外在使控意識鬆放的自覺，內外意識全面自覺主導全身拳架運動，是直接深入組

織、細胞運動的法門；把常時身體四肢鬆放，身心意識全面自覺主導拳架招式運動養成、與漸進過程，是本節「內外同步運動」的義解。

7－2　自覺的彈性運動

人的力氣產生自全身內外組織的「神氣」活動（入門 p.121），神氣展現出人體各種意識，與對外意志行為、產生運動的力氣；覺是生命細胞的本然，覺的活絡無形也無象，意識自覺是直接進入全身組織細胞的覺性貫串養成，意識靜虛、深入組織細胞運動之門，覺的活動即神氣帶動血氣、淋巴等活絡。

身體、四肢外在意志行為活動產生的力勁，人體常時對外用力、使意的勁道，在拳經上稱為僵硬的拙勁；身心、意識自覺主導身體內外的拳架運動，是將外在的身體、四肢原有拙勁放開自覺，身肢自覺鬆放的隨著內外全面自覺運動、拉長，自覺本然化解意識、身肢組織原已形成的僵硬狀態；身心全面性、根本性自覺主導身體內外運動，使身體、四肢隨著運動放鬆的拉筋，腹式呼吸、內臟主導全身運動，與養柔軟、有彈性的拳架運動全程。

太極拳的掤勁生於彈性，身體、四肢組織覺性貫串的拉筋、放長是彈性的根源；身體、四肢的部位如何放長，在入門一書中的「身肢放長、備養勁」（P. 244）一節也介紹過；在拳架運動中的虛領頂勁、氣沉丹田、上身中正，是身軀外在規範，其內涵是組織自覺貫串的鬆長養

成；或含胸拔背的胸脊拔長，與沉肩垂肘、坐腕的手臂放長；或沉肩、含胸、氣沉丹田、收尾閭等，形成腰脊中正、神氣流動貫通頭部，這腰脊是身肢放長活動依據中心；這些先賢的拳經名詞要義，身體各組織、部位的各自「意識自覺」維持，組織覺性活潑自然能鬆的隨著運動拉長，形成身體、四肢招式運動的彈性根基。

如站立在地面上的雙腿，以開胯曲膝的騎馬圓襠狀，招式變動中用螺旋式運動，在變換虛實、養鬆中進行；表現在膝部旋動中，當腿部向外旋轉時，則外側處於鬆放、拉長，而內側即為收縮、運動，這腿部的旋轉配合著手、臂、身軀的轉動，形成全身旋轉互動，與腰身帶點勁道的覺性向上貫升，可以達到勁根在腳掌著地處，將身體重力經腳底導向著地面，與腳掌著地起勁，帶點勁道的覺性經腿部向上貫串、主宰於腰脊自覺貫聯，腰脊自覺再形之於雙臂、掌指的旋轉；這全身自覺貫串輸出、帶動血氣活絡，也是身心、意識自覺連貫一體的拳架彈性運動。

7－3　蓄勢待發的拳招

太極拳術的拳架運動中，一招一式練習都在「蓄勢待發」出招的運動狀態；在蹬腿、出掌與身軀放長維持自覺、含蓄，保持伸縮彈性空間，內勁自然能夠靈活貫串使出。

拳招架式運動進行的手足活動，無論是手的推、按，雙腿的踢、蹬，手肘與膝部都保持有微微彎曲的彈動空

間，不可全部踢開或伸直的使出，拳招使出維持彈性、靈活狀態，伸縮自覺、含蓄常態，是太極拳術運動的特色之一；這也是武術上手足招式不使老，或體用與人推手時，不致被人所制的弊病。平時拳架招式練習，養成微彎的靈活彈性習慣，也拳經行功心解所說的：「勁以曲蓄而有餘」的狀態。

又如拳術的掤勁，源自內臟神經領域主導力道的養成，在蓄勢待發狀態的招式運動中，腰腿微坐、沉肩垂肘、含胸以蓄其勢，隨著需要內外合一的彈掤使出，這掤勁生於彈性，彈性生於四肢、發之於腿、源之於足掌著地處，是身體、四肢自覺貫串一體的放長；所以太極拳運動也是身軀內外放長與彈性同步養成的過程。

練拳架之初，只以意識自覺主導全身運動，由內覺主導筋骨、內外肌群活動，不以身體、四肢使控意志用力，也自然消除了外在身肢拙勁；對外運動神經系統的筋骨肌肉在自覺鬆放被動、與拉長，如上身養成氣貼於背、勁發之於腰脊本然，覺性貫注雙臂待機而發的活動，連腦中的使控意念都放開；腰胯、雙腿在自覺的陰陽互換運動中，虛腿、不參與運動部位的覺然鬆放，與實腿、運動部位的緊縮狀態，形成陰陽、虛實交互運動，與組織血氣交互活絡作用；以意識自覺主導拳法運動，除血液活絡全身組織微循環外，身心自覺內外貫串、蓄勢待發的拳架練習中，內臟健康、勁道貫連生成，自然向拳經的內剛外柔掤勁發展；蓄勢待發的招招式式變換運動，也是養成彈性的剛柔勁道根基。

7－4　陰陽互動 上下相隨

　　起初雙腿虛實的陰陽互動，或內外放長的彈性養成，都須從拳架學習開始練習、養成，與身心意識自覺帶動的習慣，在緩慢的拳架招式學習、修練活動中養成；與緩慢深長的先天吐納，配合拳架招式練習、修為，這緩慢的拳架運動，是內修外應養成起始。

　　在招式養成的運動階段，以大開大合的架式為主，身體、四肢活動上，有高姿勢、低姿勢、最低姿勢；腰身轉動有45度、90度、180度，與360度的大轉動，是鍛鍊筋骨、肌肉活動的適應性，與身心各種活動狀況的內外平衡、穩固重心。

　　太極拳經說「開合有數」，上身的沉肩垂肘、氣沉丹田的自覺貫連，是將內在神氣由兩肩收入脊骨、吸氣經呼吸道向下，兩氣沉注腰際與下丹田接合，覺的神氣與吸氣由上而下謂之「合」；反之，覺、神氣從腰際形之於脊骨，布於雙膊、施展於掌指，也是呼氣與覺、神氣的內氣由下而上謂之「開」，形成開合的陰陽互動狀態。

　　如吐納、神氣的周天循環，意覺、血氣的「意氣相連」源自腰腿；所以，腰腿要有彈性與靈活度，於腰腿的意識自覺貫串，每一招式特別注重腰、腿配合一致轉動，無論是進、退、閃、避，或升、降、拿、提與化、發等動作變化，都以腰、腿為發動的總樞鈕，腰際內勁自覺貫脊臂，形成上下相隨、內外統合的拳架運動；下盤鬆腰

鬆胯、膝部「似鬆非鬆」的自覺狀態，力根在足掌貼地處。

　　拳架運動中，身心全面性、根本性的自覺養成，身體四肢陰陽互換、內在虛實分明，隨著意識靜、澄、虛化進展，全身組織鬆放、重心卸於地上，自然能夠「力根在足掌貼地處」；拳架的招式虛實互換，在身心自覺的上下相隨運動狀態發展，趨向純覺貫連、神氣活絡進階。

7-5　虛實比重的調節

　　招式的陰陽互換分明，動作中以虛實交換可以耐久不疲；「虛實分清」的規則變換，是左手與左腳、右手與右腳的上下相隨，左手實則左腳虛、右手虛則右腳實的四肢變換。

　　拳架活動的右腳實勁經左手發出，左腳實勁經右手發出的四肢交換運動；於人體運動生理效應上，有呼吸幫浦、肌肉幫浦作用外，參與運動的組織部位緊縮，不參與運動的組織部位都在鬆放中，組織微循環血氣活絡、耗氧；內在陰陽互換、虛實交叉運動，促使全身組織微血管血氣，交互活絡與細胞全面健康。整個拳架修練過程，都在全身細胞新陳代謝活潑中，隨之虛實比重調節的加重運動量與耗氧，身心全面健康、趨向減除老化發展，是醫學專家能認知、推薦的好運動。

　　在拳法練習的現階段，招式動作以大虛大實比重進展之；第三段學成、拳術熟悉之後段，再進階小虛小實、或

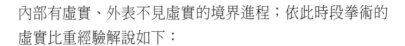

內部有虛實、外表不見虛實的境界進程；依此時段拳術的虛實比重經驗解說如下：

7-5-1.

拳術上有身體重心要「半」不要「偏」；重心不超出兩腿中間三分之一的程度下，雙腿的虛實之分，虛腿支撐全身重量30％、實腿支撐全身重量70％的陰陽腿狀態。

但在本階段的拳架修習，可依個人的身體狀況，腿力較好者，實腿負重向100％進展，相對的虛腿向全虛放鬆，以增加拳架運動量的訓練為主；隨習者的腿部支撐力來分虛實比重；虛腿或組織自覺放鬆，是組織新陳代謝活絡因子、養生要門。

7-5-2.

拳經上，有身姿要「沉」不要「重」；四肢運動的虛實比重，經常出擊的實手占60％、隨護的虛手占40％；四肢虛實的調配，如右手上掤為實、左手虛護時，左腿起勁為實、右腳跟輕提為虛腿；左手按出、右手虛護時、則右腿實、左腿跟微提為虛；雙手、雙腿的交叉互動，與體內的交感、副交感神經恒動同步。

在拳術經驗上的虛實比重，有實手過於60％、實腿過於70％時，是過重現象，容易為人所乘。但在練拳階段以增加運動量為主，雙手互動都不帶勁道，只以意識自覺的神氣開合活動，如單按掌、或雙按掌的實手，是自覺活動貫串，自腰際傳之於脊骨，形於臂膊施展於掌指；練拳架

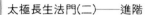

的招式運動，只在覺性貫串的活潑，覺到那裏、血氣就到那裏，覺帶動血氣活絡全身的時程；覺是意根、產生意識或意志向外發展，體用力氣的發生根源；覺是力氣源頭。

此時，習者須在意識自覺於習拳運動中，養成身心全面性的意識自覺主導的習慣，消除覺性中蘊積意識，各種意識流的靜澄發展，自然傾向全神貫注運動進展，在前述虛實幅度調節下，隨陰陽互換、身體放長、組織能鬆，身姿能「沉」實而不「重」的養成招式運動，本然避開過「重」弊病。

7-5-3.

拳經的體態要「輕」不要「浮」；腿分陰陽的實腿，「足掌全面穩實貼地」的落實全身體重，足不失根自然消除「浮」的弊病； 落實身心、意識全面性自覺的運動養成，化開覺性中存積的意識，從意識層面自覺、意識澄淨、虛化，全身覺性活潑、組織鬆放，上身的體重向下盤落實，身心趨向靈覺活絡狀態發展；坐實雙腿與穩定重心，在身心一體的全神貫注下，就能腰胯一動全身動，身肢活動方圓自能顯出輕靈來。

在雙腿腳掌貼地，樁步自然穩固，整套拳架活動重心，多數均在後腿；體用時，如因追擊而必須將重心移至前面的腿部時，後腿立即跟進到前腿的內側，一遇突變時可以收到變換靈活之效，故不易為人所撼動。

7-6　腰脊主宰、貫串全身

　　拳法的一招一式運動，都在身心自覺狀態，身心全面性的動，以腰脊為中心的達到「身心內外相合」的一動全身動；腰是左右前後平行轉動的軸心，脊是上下彎曲的根基，腰脊是身體動向樞紐，幅射向左右、上下，與向前、向後的動線中心；拳架的一招一式運動，是全身關節串聯、內外組織相合的動，以全身意識自覺貫串、相合之；這是拳術上「一動全身動」的身心整合所在。

　　在拳招運動中，身體、四肢的活動，完全以腰脊為主宰與意識自覺為主導的運動，此時的拳架練習過程，在內臟自覺主導、身肢自覺輔動下，全身內外貫串的運動，並逐漸由內而外養成身心一體的太極拳勁道；如果沒有經腰脊主宰帶動的動，只是身體某部位的動，如以單手臂的動、單腿部的踢，只是手、足部位勁道，是拙勁不是太極拳勁道；太極拳勁是整合全身內外，經腰脊貫串一體、形之於手足的勁道；所以，太極拳架的運動以腰脊主導，內外相合的身心整體運動。

　　如拳架運動的身肢順向、逆向螺旋轉動，除依身體四肢的放長，一動全身動的要領外，如上肢是旋腕轉臂、下肢旋踝轉腿，或身軀的旋腰轉背，三者的各個活動現象，都是腰脊主宰、內外貫連全身上下的活動展現，其根在腳掌著地處，發之於腿、主宰於腰脊、形之於手足掌指的陰陽互動現象。

　　在整體意識自覺的主導下，全身筋骨、肌肉自覺貫串

的旋轉運動，覺的貫聯活絡有如螺旋的離心力向外滲出外，力根都在腰腿陰陽互動的實腿著地處；招式活動不論開展的大動作，或緊湊的小動作，在內外相合原則外，力根在腿與足掌著地處；但其運動樞紐的主宰中心在腰脊。

8. 自律運動養成

　　經過第一、二段拳架學習，與前章拳架運動要領養成時程，習者已對秘傳拳術運動有相當認知；這以身心、意識自覺導引腹部深長呼吸運動的同時，意識虛淨進展、自覺新習慣養成，覺帶動神氣大周天、活絡全身，是一個新習慣修為過程，也是拳經上的「以心行氣」段落。

　　習者每天拳架練習之前，依「每日內修菜單」（入門P.128的身心運動安排）做每日暖身運動，隨著拳術要領運動，體內自覺周天串連漸進純熟，筋骨、內外肌群趨向柔軟；呼吸活動範圍或已能擴及臍下腸道的下丹田，甚或意、覺的神氣活動，能經海底穴下放雙腿腳掌湧泉穴；周天循環的內覺活絡、丹田呼吸活動深長自如。

　　這時候運動中的深長呼吸，與自覺的神氣經任督二脈路徑循環活絡的同時，能感知到另一股微微的反方向對流存在，這微微感知神覺活絡的一上一下對流，在拳經上以「先天氣」稱之；如隱在運動肌群力勁、或意識之中的先天氣顯現，是進入拳經上的「以氣運身」門徑；此時對腹式呼吸氣的吐與納二氣，與自覺活絡、血氣或神氣的上下相對活動感知明顯，是本節以內臟的「自律運動」主導全身拳架修為的開始。

　　覺性活絡貫串身體、四肢的拳架運動，關係內在自主功能大領域的生命活動；如人體中樞與週邊間的神經纖維

上下通路，各功能器官活動的交感、副交感的相對互動，或大小動靜脈血液對流，組織中的微循環、淋巴循環等等，都是體內隱在的相對功能作用，也是人體內在恒定機制本然、生命自主活動；能使這些常時不能感知的自律功能、內臟活動，隨著能使控的呼吸作用、隨著吐納深入主導運動，使內臟健康、或產生力勁，是武術先賢的智慧、現代人身心全面健康運動的新知識。

此時，我們不能以外在的用心、用意，以使控意識支配這內在自主機制相對的一方，如用意要助「氣」上導或下引，都會有另一股反向壓力形成與阻擾；須以老子的「無為」法或是我的體驗，在腦意識不下頭、腦部自覺之下，以內在自律功能自覺主導拳架運動，在全身內外組織自覺的拳架運動，也本然的達到血氣活絡全身組織的效果。

拳架的招式運動，身、肢動作只是內在自覺貫注全身，顯於外是神態若然、自覺貫串身肢的動，隱於內的是內在神氣、血氣的同步活絡；這身心自覺是意識鬆開、解放，意識的虛化、純覺的活絡狀態──內在神氣可以由內發之於外，亦可由外收斂入內。

在身心全面放鬆、腰脊自覺的主導，大開大合架式的練招，大虛大實的陰陽腿互換運動，與體內參與運動組織的緊縮，不參與運動的組織鬆放；虛實互換運動、血氣活絡的交互作用，也是內在自主功能主導全身運動的最佳效益，與內外雙修的太極勁養成。

運動間身肢自覺的鬆放，自能發揮可慢可快沉穩的拳

勢，在曲膝坐腿落實下盤、足掌全面貼地，拳架活動間身體自然沉穩，有如不倒翁的重心效應，並能產生以輕制重的槓桿效益，是自律運動時段的工程要項。

8-1　剛柔勁學習

太極拳內剛外柔的剛柔相濟勁道，源自拳架中外在身姿彈性的柔，內在覺性帶動血氣等貫串的剛，長期養成神氣貫串、內外剛柔太極拳勁。身心根本性的自覺，意識自覺本然的含蓄、不用力，由內在自律、恒定機制本能主導運動，外在身體、四肢鬆放、自覺輔動，運動在全身筋骨、內外肌群緊縮、放長互換中，與柔軟養成的同步進程。

此際，外在的身肢已能鬆柔的下沉放長，以增強彈性；身體、四肢在意識自覺含蓄、自然輕快活動，不用力的本然變換招式、靈活無礙；同時，內臟器官肌群的韌度、柔軟，也能與身肢同步放長，同步加強彈性以養內勁。只要在大開大合的拳招架式、與大虛大實的陰陽腿互動勤練拳架，僅守拳術的身肢動作、內外要訣，徹底做到全部要領，即能依隨時程、內勁養成，與內外合一的太極勁道產生。

前節提過腰脊主宰、貫串全身，練拳時腰際為中心，在身肢放長有彈性的輕快活動之下，一招一式配合小腹吐納，在全身自覺貫串的「聚精會神」運動中，招式活動在「呼時先天氣下沉，吸時先天氣上升」的神氣活動，其

要領如下：

　　如呼氣、手掌招式使出時，先天氣、覺性下貫，內在自覺與微微的勁道，自腰際向下落於實腿上，或帶一點微微力道直貫於實腿足掌落地處；在丹田中反向的，收尾閭、提海底穴與腹部腸道肌群全面縮凸向上方胸腔，與胸腔呼氣肌群同步收縮並進、呼深長的空氣同時，丹田內勁、神氣自腰際上貫，經脊骨傳佈於臂膊，施之掌指的向上開展。

　　吸氣時、「吸是蓄勁」，神氣由兩肩斂入脊骨，吸氣進胸腔擴向下丹田，兩氣回注於腰際合放之同時，雙腿虛實互換「先天氣上升」，原實腿的虛化、意覺（神氣、血氣）上升回納腰際丹田；胸腔呼氣肌群、丹田肌群全面鬆放，空氣自然流進肺中，並在橫膈膜自覺收縮導向腹腔，形成胸腔深長的大量吸氣，也是丹田鬆放、組織血氣活絡狀態，在武術上，以氣存丹田、含蓄養勁解說之；吸氣時的橫膈膜自覺向下導引，進而神氣導向雙腿足掌湧泉穴、向下延伸勁道落實下盤。

　　如此在身心自覺的主導招式、吐納、開合運動，組織覺性是人體恒定機制本然；拳架運動時貫徹要訣、穩固樁步，在緩慢的、陰陽互換的加重腰腿大量運動，形成呼吸泵、肌肉泵，促使血氣循環自然順暢，內在柔弱肌群的活力與神氣活絡，是彈性剛柔勁道養成的要義，依此要訣長期不斷的貫徹練習自然有成。

　　這內在肌群彈性勁道的剛，與外在身肢活潑無滯的柔，所形成的剛柔相濟勁道，就是太極拳勁。進而在體用

上，自能如先賢所謂：「行氣用柔，有如車輪之旋走不停；落點用剛，有如蜻蜓點水，一沾即起。」是拳術使用的剛柔勁劃分界線。

8-2 槓桿力勁修為

太極拳是以輕制重、四兩撥千斤的拳術，在肢體、內勁與應用，依力學上的槓桿原理來養成，即「支點」離「重點」愈近、離「力點」愈遠時，就愈省力的槓桿作用。

拳術勁道源自腿部，足掌著地處為勁根，發之腿部自覺彈性上傳腰胯，經腰脊形之於臂膊、掌指，其間的力道與槓桿原則相同；腰部主宰是勁道的支點，其用力之「距」是腰到手指之間的長度，力道之「距」愈長其「力」也愈大，所發出的勁道自然大增；但反之，身體越容易失衡、為人所乘。練太極拳架時，須懂勁、也要能穩樁，「支點」的腰、與「重點」足掌著地處要「短」。

即練拳架時，雙腿曲膝坐胯的向下沉穩，與實腿足掌全面貼地、落實重心的養成，身體沉穩、不浮的習慣本然；體用時自然不易讓人有所趁外，在力學起重的發勁，也能愈省力、愈有勁；運動效率上，在陰陽互換、節耗體能的重量運動，與血氣活絡擴遍全身內外組織的好效益；在武術體用上，當預覺對手勁勢的方向，順應對方衝力之勢將其重心引偏，達到拔根的目的，然後，從其力向斜測發勁進擊，即是發揮以輕制重的槓桿作用，一引一送的借

力使力，自然把對手輕易跌出；等等例述，供習者隨自己
經驗體悟舉一反三。

9. 性命雙修入門

　　大部份人的休閒活動、各種有名的運動，若在使控的四肢、骨骼肌群上運動，或週邊體神經層面的筋骨、肌群做體操，對自主層面的內臟只是牽聯性運動；不能深入內臟器官、自主功能與組織全面性運動，其內在組織層面功用衰退，細胞隨年歲老化、進展依然；這是許多身強體健者、或有名的運動家不一定長壽的原因。

　　各種運動家、體操選手的強烈運動，只在身體的某些部位、或骨骼肌群的強力運動，身體中其他部位只有緊張意識習慣的份。

　　如為某運動項目比賽者，其運動偏向身體四肢外在，對內臟器官只是牽連性的動，甚或內臟器官也緊縮，以增進外在部位力勁等；又如為某種功夫的表演，在身體某部位強力鍛鍊，其他未參與運動的部位組織都在緊張狀態；身體組織運動緊縮、不運動部位緊張，都將使組織中的終末小動脈進入微血管的括約肌緊縮，血液進不了微血管、或進入微血管減量，也是中醫以穴道有點通、有點不通的脈絡狀態；身體組織中的體液、微循環不良，細胞得不到新陳血氣的代謝，細胞吃不飽、營養不良，是人體病變、老化所在。

　　常人生活中的身體活動或做體操、各種運動，可以說，都在前述的「運動部位組織緊縮、不運動部位組織緊

張」狀態,再加上喜怒哀樂的情緒緊張,都是常人內在官能意識蘊積,存在體內大小經絡關卡,形成這古來以內窺穴位不順說法;意識阻礙神經脈絡,影響內分泌、淋巴、激素等作用,或如血管硬化,使人不健康、老化,所以,人體內在的健康狀況,展現於外在的意識狀態。

人體運動神經分支、使控意識層面的激烈運動,不能及於內在生命自主功能,內臟器官功能與組織及其後層的腦性統合大領域;身體、四肢大運動量,提升心血管的血液大流量,也如前述,常進不了組織微血管,如內臟器官組織微循環不良等。

完整的太極拳術運動,是身心全面性運動,關係人體意識、內外組織全面運動緊縮與放鬆;內在生命自主功能運動,隱在功能意識自覺主導全身拳架運動,運動中意識虛放,組織小動脈舒鬆、微血管血氣活絡,是本小節深入全身內外組織運動的主題。

身心自覺拳架運動深入進展,是內外組織能自覺貫串,與緩慢的陰陽互換拳架加重運動,使運動效益擴遍全身內外組織;將拳架大運動量提升的心血管血液流量,由組織微血管全面承受,向性命雙修學程進展。

生命細胞的覺性,若有若無的隱於組織意識之中,覺也是各種功能組織意識根源,如眼睛向外「看」的意識,感知源自眼球各功能組織細胞的覺,包括眼球活動的肌肉細胞、或通向腦部的視覺神經元等,組織體中隱在細胞的覺性;其他聽、味、聞……感官意識,或身體內外器官組織的意識活動,都同樣源自其官能組織的細胞覺性。

　　所以，身心或意識、官能組織的全面性自覺運動，使心血管循環因運動提升的血液大流量，隨著組織覺性貫聯等神氣活動，同步流佈全身各器官、組織；全身組織中微循環的血氣活絡，隨著覺性活潑、新陳代謝物質分子同步進出擴散於體液，如練拳架時，手臂自覺貫串的動，也是血氣同步貫注活絡所在。

9－1　運動量的增加

　　古來拳術要求拳架的修練，在於「專心一意」的拳招貫連運動；這專心一意的義解，是外在使控的思慮、身肢活動意識全面性自覺鬆放，與內在自律的內臟等深層意識根本性自覺；也是身心或意識自覺狀態深入全身組織的義涵。在身心根本性自覺、陰陽互換下，拳架招式貫連的、綿延不斷的運動進程，是拳架運動要訣；這由內在自主功能自覺主導，外在身肢的陰陽招式變換運動過程，在全身組織鬆放、緩慢拳招的貫連運動，是身心運動量提升之所在。

　　與運動中隨著拳招架式動作，配合小腹內外肌群組織，橫膈膜、胸腔的呼吸肌運動，與呼吸帶動神氣活洛、擴遍全身；依腹式呼吸需要、相關肌群鬆放或緊縮的活動，該鬆的能根本性全面放鬆，緊縮的也是根本性的由內而外的全面收縮（這緊縮關係到腹腔中呼吸泵、肌群的肌肉泵──心血系統與微循環活絡）；使深長的呼吸氣與內在神氣開合互動，是上身內外運動量增加的要領。

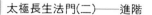

　　這時候的雙臂是腰脊自覺貫串的動，覺然旋腕轉臂的遊動；與雙腿相對的大虛大實互動中，雙腿緩慢活動的分陰陽，輕重互換的著力於實腿、力根源自腳掌的大重量運動，與腰脊軸心的全身自覺貫串、上身陰陽互動間，形成全身組織虛實交互的大運動量、高耗氧，和肺部大量吸氣、進氧同步上升的生理效益；也是全身組織，在大運動量耗氧與自覺鬆放的血氣活絡互換，使全身組織微循環全面承受自心血管提升的血液流量狀態。

　　身心全面自覺的陰陽、開合運動中，內臟肌群逐漸生成彈勁，結合身肢放長彈力活動的反作用力，也加重落實在陽腿與足掌著地處；　如全身運動調向實腿一方，實腿的重力是身體重量，加上招式的彈勁反作用力的大運動量，與虛腿方真鬆的血氣活絡狀態，在雙腿緩慢交互運動，與動態的一招一式連貫運動下，這運動量之大與心血管提升的血液流量，不亞於生理學上說的，運動家在強烈運動時，提升心血管流量七倍的紀錄；長期以身心自覺拳架運動，直接使全身組織真鬆與大運動量、耗氧，其內外功能健康的運動效益、或內外肌群勁道養成，內家拳術上的：「勢勢存心揆用意，得來全不費工夫。」的內功大成結果。

　　這內外並修的太極拳勁道，養成自拳架進行之間的身心、意識自覺，直覺是解開各組織意識阻滯，直接在組織層面運動，敏覺活潑是組織血氣活絡的標示。

9－2 沉穩、輕靈的拳架運動

此時段太極拳架修練在於自主神經，主導外在體神經的運動，氣存丹田的內在功能，意識自覺主導全身拳架運動，內外官能組織自覺鬆放，緩慢招式與吐納配合運動中，務使呼吸氣轉換點下沉腸道、海底，或通向水谷之海，身體重心向腰胯、腿部落實，下盤的雙腿虛實互換自然穩固；上身大都在舒鬆自覺、腰脊貫串雙手的遊動自然輕靈；也形成了內外官能組織，陰陽互換運動常態，大運動量的緊縮，與自覺鬆放血氣活絡的交互作用；整個拳架招式變化運動，都在畜勢待發修為，內在官能生機活絡狀態的運動全程；漸進的深入功能組織、與擴遍全面性運動。

這自覺深入內層意識澄清，與覺性貫串活絡進展，身心、內外組織趨向真鬆發展，使筋骨、內外肌群自覺貫連，如實腿一方支撐全身重量，與招式彈勁的反作用力，都能鬆卸、下放到腳掌著地處，雙腿虛實互換自然敏捷，是拳經的「無雙重弊病」狀態；這下盤扎實、周身沉穩的拳勢，與內外一致的拳架變換運動，也是拳經要求的「足掌貼地、分清虛實、上下相隨」運動狀況。

上身中正的拳架運動中，腹式呼吸、腸道肌群的賓輔，經腰脊自覺主導身手運動，雙臂延承自腰脊覺然貫串，其雙手招式變換的互動，是無意識的、本然輕快、直

覺靈活的動。隨著拳架修練進展、運動及於組織全面性、微循環血氣的活絡、容易出汗，運動效益漸進佳境。

拳架招式的熟練，拳招綿延不斷的運動修為，使內覺活潑的帶動血氣活絡全身，此時的運動展現更穩實、靈活，深入組織層面的性命雙修運動時程，若有功能性病變都會得到改善；經組織功能恢復健康與細胞代謝活潑的發展，是功能性病根逐漸消除時程。

接著，進入太極長生法門第三冊，將介紹楊家秘傳第三段拳法，前半段拳架與學習，與「全身意在神」內修學程；人體內臟自律功能，源自細胞生命自主，器官、自主功能的運動，古來以「命功」稱之，各功能組織微循環，與體液、細胞存活的內在環境，是生性功用領域運動以「性功」名之。

全身組織200多種不同功能細胞的生命力，與展現的各器官、功能作用之間，並不能很清楚的分開、界說，人體內外、大小功能作用或運動，都是身心、意識一體（一、2 -23）；事實上，講自主功能的命功時，細胞生性之性功隱在內，講性功時命功顯之於外，人體的內外功能活動不同，各組織生性層面的功用也不一樣，但生命自主功能與生性互動一體，內在運動解說關係身心向內層面，不在人們常時外在觀念中，身心內修著述解說不易，用詞遣句、狀態例述，在書上時有重疊或繁複出現，為使習者得法內修以達實效外，還須習者自修、同步體悟。

…… 太極長生法門（二）進階 終了 ……

太極長生法門（一）「入門」目錄：

星期四：內臟全面運動日

星期五：身心運動日

星期六：健腸壯胃日

6. 秘傳 基本拳法

　6－1. 基本拳勢 拳譜

　6－2. 招式活動方位 與順序

　6－3. 陰陽腿 開始

7. 基本拳勢 學習

　(一). 預備式、起勢

　(二). 第一個正方

　(三). 第二個正方

　(四). 四斜方．

　(五). 合太極、收勢

8. 內家拳術 運動開始

　8－1. 拳架的內修

　8－2. 去除硬勁 以養柔

　8－3. 身肢放長 備養勁

　8－4. 內臟主導全身運動

太極長生法門（三）性功運動目錄：

太極長生法門（四）了性、了命修程目錄

國家圖書館出版品預行編目資料

太極長生法門(二)—進階／趙憲民　著

－初版－臺北市，大展，2012 [民101.08]
　　　面；21公分－（自我改造；2）
　　ISBN 978-957-468-894-4（平裝；附數位影音光碟）
　　1.太極拳
528.972　　　　　　　　　　　　　101011448

太極長生法門(二)—進階（附DVD）

著　　者／趙　憲　民
責任編輯／孟　　甫
發 行 人／蔡　森　明
出 版 者／大展出版社有限公司
社　　址／台北市北投區（石牌）致遠一路2段12巷1號
電　　話／(02) 28236031・28236033・28233123
傳　　真／(02) 28272069
郵政劃撥／01669551
網　　址／www.dah-jaan.com.tw
E-mail／service@dah-jaan.com.tw
登 記 證／局版臺業字第2171號
承 印 者／傳興印刷有限公司
裝　　訂／建鑫裝訂有限公司
排 版 者／千兵企業有限公司
初版1刷／2012年（民101年）8 月

定　價／330 元

大展好書　好書大展
品嘗好書　冠群可期